ダイヤモンド
DIAMOND BOOKS

慶應三田会

学閥の王者

完全収録版

週刊ダイヤモンド編集部［編］

JN146892

ダイヤモンド社

はじめに

「週刊ダイヤモンド」の調査によると、主要24大学のうち上場企業の社長輩出数が最も多いのは慶應義塾大学（２０１６年5月10日時点、判明分）。東京大学や早稲田大学に圧勝しています。社長交代などのトップ人事はもとより、業界再編や商取引の内幕を知ると、慶應人脈でつながっていることが少なくありません。

なぜ慶應はビジネスの世界で圧倒的なパワーを持つのでしょうか。

鍵を握るのが慶應のＯＢ組織である「三田会」です。慶應に通った方でなくても、この名称を耳にしたことはありませんか。社会人の方は、職域の三田会が活動している様や三田会つながりで飲みに行っている姿などを目にしたことがあるかもしれません。

なんとも気になる存在ではありませんか。

週刊ダイヤモンドは16年5月28日号で「慶應三田会」を特集しました。ビジネス・経済誌である本誌は、金融、商社、建設、不動産、食品、流通など各業界・企業を担当記者がカバーし、ビジネスパーソンの情報ニーズに応えています。特集では教育業界に通じた記者と共に、企業・業界担当記者が日頃から回っている担当業界なりを三田会という切り口で徹底取材しました。

　また、本誌最大の売りの一つはデータ分析であり、編集部にはデータ分析担当記者もいます。慶應ＯＢ、三田会が経済界に与える影響をデータで可視化しました。

「データで可視化する」と一言で言っても、道のりは長いものでした。例えば、三田会寄付金ランキング。慶應の機関誌「三田評論」に寄付者データが掲載されています。データ分析担当記者は「10年分集めれば何か傾向が見えるかもしれない」と思って図書館にこもり、過去10年分のおよそ１０００冊から、合計１０００枚近くをコピーしまくりました。

　1ページ当たり最大で２００人ぐらいの名前と寄付金額が記載されているので、そこから必要な箇所に蛍光ペンでラインを引いて、入力作業の後にデータを分析して寄付金額のランキングを作成しました。

　特集号に掲載されたのは1ページほどですが、実はものすごい労力をかけており、データ分析のノウハウが詰まっています。このデータから見えてきたものは、とても興味深いものでした。ちなみに1ページだけではもったいないので、ダイヤモンド社が提供するビジネス情報サイト「ダイヤモンド・オンライン」に本誌未掲載分も掲載しました。

　特集を出してあらためて実感したのは、三田会に興味を持っている方が実に多いということ。慶應三田会特集号は、週刊誌としては異例の増刷を重ね、16年度に週刊ダイヤモンドで最も売れた号となりました。

慶應三田会特集以降も本誌は、「大学序列」特集（17年9月16日号）で17年春に就任した慶應義塾長インタビューを含め最新の慶應、三田会事情を、「名古屋教育 最強ルート」特集（17年3月25日号）では地元大学出身者が強い土地柄でも強さを誇る慶應、三田会の様をレポートしました。

本書は慶應三田会特集をメーンに、大学序列特集および名古屋教育 最強ルート特集における三田会関連記事、さらには慶應三田会特集発行時にダイヤモンド・オンラインに掲載した記事を収録。本誌が追い続けた三田会の記事を一気に読める一冊です。

書籍化に当たっては、一部を加筆・修正して再編集していますが、組織名、肩書、事実関係、データなどは基本的に雑誌等に掲載した当時のまま収録しました。なお、文中は全て敬称略とさせていただきました。

日本経済の裏に三田会あり。その知られざる全貌を明らかにした本書をご堪能ください。

週刊ダイヤモンド編集部

Contents

Prologue

Part 1

Part 2

最強の社員
出世する慶應卒

Part 3

最強の歴史
こうして王国は築かれた

Part 4

王国の源泉
幼稚舎から始まる社会
幼稚舎、ラグビー部、経営者

Part 5

王国の序列
強者のアキレス腱

Part 6

私大の雄「早慶」おごれる者は久しからず

REUTERS/アフロ

Prologue

圧倒的に強い学閥の王者 三田会の組織力と集金力

慶應義塾はサラリーマンの「入り口」である就職、
「出口」に当たる社長輩出のどちらにおいても抜群に強い。
OB組織である「三田会」の組織力、集金力も絶大だ。
学閥の王者の実力をつまびらかにする。

新浪・サントリー社長誕生の裏に三田会での運命の出会い

さかのぼること十余年の2002年某日。2人の慶應義塾大学卒業生は、ある〝会合〟で運命の出会いを果たした。

その2人とは、サントリーホールディングス会長の佐治信忠と、当時ローソンの社長に就任したばかりの新浪剛史。趣味のゴルフ話で意気投合し、次第に佐治はバイタリティー溢れる新浪のエネルギーに引き込まれていった。

14年、佐治の粘り強いアプローチが実り、新浪・サントリー社長が誕生した。2人が最初に出会い、この一大人事のきっかけとなった会合は「三田会」なるものだった。慶應卒によるOB会である。

佐治をよく知るサントリー関係者によれば、「佐治は経団連や同友会などの財界活動には熱心でない」。しかし、母校の慶應に対しては別らしい。慶應義塾の最高決議機関である評議員会の評議員に立候補し、評議員を務めている。

「慶應社長」の圧倒的な人数

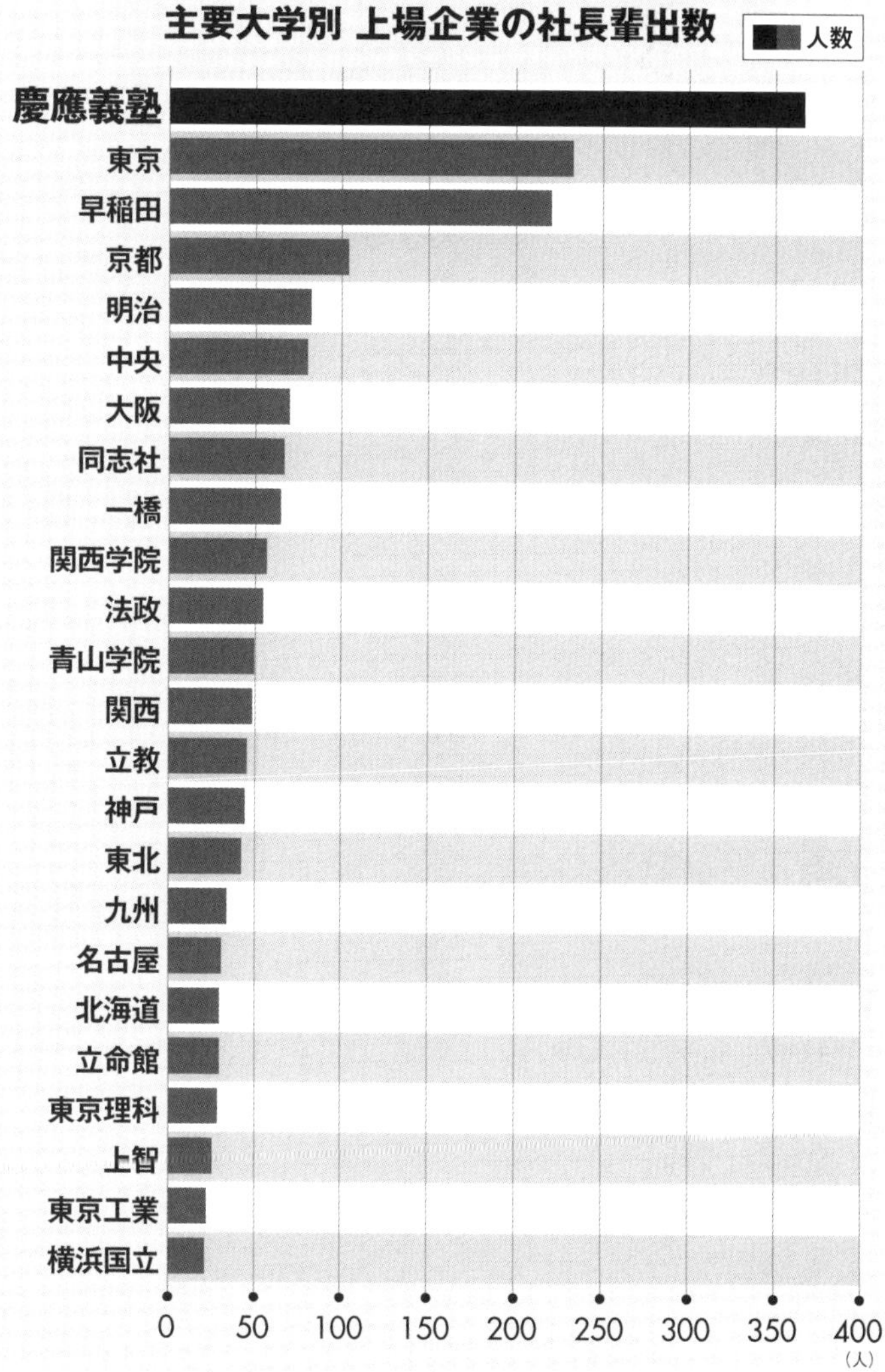

＊主要24大学について集計。本誌調べ(2016年5月10日現在、判明分)による

09年にサントリーがキリンホールディングスと統合交渉した際のきっかけも、当時キリンの社長だった加藤壹康との親交が関係していた。佐治と加藤は慶應の同期。社長として顔を合わせて以降、同窓であることが、2人の距離を縮める一つのきっかけになった。

そして驚くなかれ、サントリー社長職を引き受けた新浪がローソンの後任に指名した玉塚元一もまた、慶應卒である。

社内後継人事を見ても、キリンの社長は、前出の加藤、後任の三宅占二、磯崎功典と3代続けて慶應卒だったりと、経済界を見渡せば、慶應卒が圧倒的なパワーを見せつけている。

上場企業社長数で圧勝! 大手就職も抜群に強い

17ページの図をご覧いただきたい。本誌の調査によると、慶應卒の上場企業の社長は355人(16年5月10日現在、判明分)で大学別トップ。あくまで卒業年と学部が判明した社長を集計したため、実際の数はもっと多い。東京大学や早稲田大学は200人台なので、慶應の圧勝である。(慶應卒上場企業社長リストは120~131ページに掲載)。

慶應卒社長が経営する企業の株式時価総額で見ると、トヨタ自動車社長の豊田章男(1979年法学部卒)が群を抜くトップ。市場全体で見れば、株式時価総額のうち12%を占めているのが慶應だ(19ページ表参照)。

トヨタ社長も慶應出身

慶應卒社長経営企業の時価総額ランキング

順位	代表名	上場企業名	卒業年	学部	時価総額(億円)
1	豊田章男	トヨタ自動車	1979	法	188,730
2	西室泰三※	日本郵政	1961	経	66,825
3	永野 毅	東京海上ホールディングス	1975	商	27,945
4	大野直竹	大和ハウス工業	1971	法	19,741
5	島野容三	シマノ	1971	商	14,909
6	磯崎功典	キリンホールディングス	1977	経	14,546
7	北村邦太郎	三井住友トラスト・ホールディングス	1977	商	13,451
8	松尾正彦	明治ホールディングス	1969	経	13,100
9	勝野 哲	中部電力	1977	工	10,995
10	國分文也	丸紅	1975	経	10,186
11	林田英治	ジェイ エフ イー ホールディングス	1973	経	9,705
12	木下盛好	アコム	1973	経	9,290
13	玉塚元一	ローソン	1985	法	8,526
14	上原 明	大正製薬ホールディングス	1966	経	8,113
15	島村琢哉	旭硝子	1980	経	7,702
16	堀切功章	キッコーマン	1974	経	7,437
17	喜田哲弘	T&D ホールディングス	1976	法	7,370
18	中里佳明	住友金属鉱山	1976	法	7,282
19	北島義俊	大日本印刷	1958	経	7,084
20	坂本精志	ホシザキ電機	1959	工	6,713

卒業学部別合計時価総額

学部名	合計時価総額(億円)	社数
経済	159,370	117
法	289,484	89
商	112,778	73
工	31,020	28
理工	11,891	13
文	6,774	7
環境情報	608	3
総合政策	388	2
総計	624,833	355

＊時価総額は2016年4月28日時点

市場全体の12%

卒業年別上場企業社長数

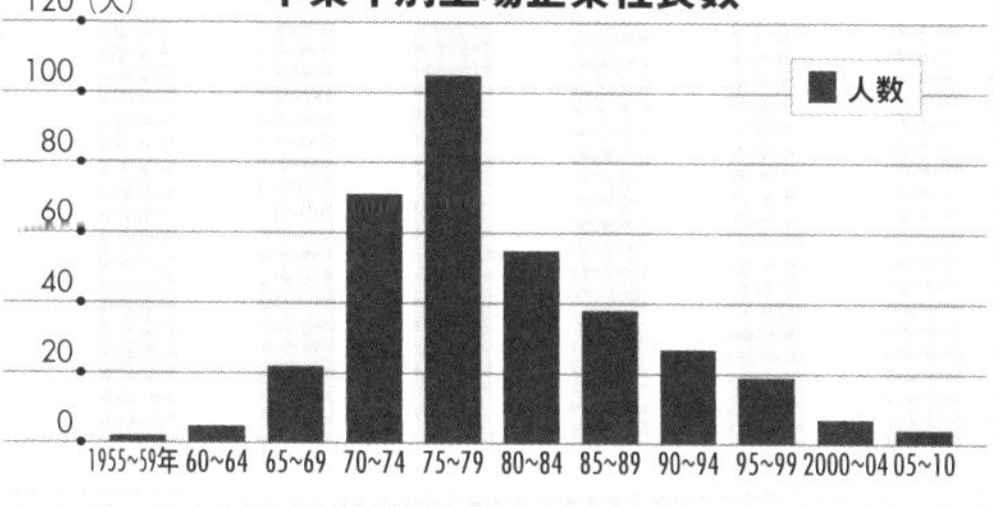

＊時価総額は2016年4月28日時点。各種資料を基に本誌編集部作成

※西室氏は退任（編集部注:2017年死去）

さらに慶應卒社長の卒業学部別に社数で見ると、経済学部卒が117社、法学部卒が89社で、商学部卒が73社。慶應生たちから「文系学部御三家」と呼ばれる経済、法、商の面目躍如だ。

上場、非上場を問わずトータルで見ると、慶應卒社長の企業は、全国で約9300社に達する（東京商工リサーチ調べ、詳細は80ページ表参照）。その合計売上高は100兆円に達し、経済界への強い影響力がうかがえる。

大学通信の有名400社就職データを基に作成した各企業の慶應新卒採用比率を見ると、日本テレビ放送網やフジテレビジョン、電通、三菱商事など大手有名企業が上位にずらりと並ぶ（21ページ表参照）。

つまり、慶應はサラリーマンの「入り口」である就職、「出口」に当たる社長輩出のどちらにおいても、抜群に強いのである。

そうした強さのバックに存在するのが、慶應のOB組織である三田会だ。三田会には地域やゼミ、体育会などさまざまなものがある。

公認だけで862団体！ 早稲田にも三田会

各三田会を包括する連合三田会の公表データによると、卒業生を中心とした各年度の三田

大手有名企業への就職もしやすい

慶應新卒採用比率ランキング

順位	社名	慶應採用比率(%)	年間採用数(人)
1	日本テレビ放送網	30.9	27
2	フジテレビジョン	25.3	25
3	電通	24.9	113
4	三菱商事	24.8	201
5	博報堂グループ	24.2	109
6	三井物産	22.9	135
7	三菱地所	21.8	34
8	三井不動産	21.2	39
9	TBSテレビ	20.6	23
10	東急不動産	20.3	23
11	丸紅	19.1	174
12	伊藤忠商事	19.0	133
13	住友商事	18.4	158
14	テレビ朝日	18.3	31
15	楽天	16.7	179
16	アクセンチュア	16.6	155
17	JX日鉱日石エネルギー	15.8	86
18	日本IBM	15.7	186
19	東京急行電鉄	15.5	60
20	P&G	15.2	35
21	テレビ東京	15.2	15
22	日本経済新聞社	15.0	47
23	三菱UFJ信託銀行	14.4	227
24	ソニー	14.2	129
25	カドカワ	14.1	31
26	ブリヂストン	13.9	108
27	東京ガス	13.8	121
28	講談社	13.7	17
29	富士フイルム	13.6	73
30	旭硝子	13.5	64
31	商船三井	13.0	46
32	日本ユニシスグループ	13.0	90
33	農林中央金庫	12.9	142
34	新生銀行	12.8	65
35	NHK	12.6	232
36	東京海上日動火災保険	12.4	523
37	東急エージェンシー	12.2	16
38	日本郵船	12.2	52
39	国際石油開発帝石	12.1	47
40	川崎汽船	12.0	25
41	みずほフィナンシャルグループ	12.0	1,121
42	リクルートグループ	11.9	433
43	読売新聞社	11.8	31
44	キリン	11.8	79
45	三井住友信託銀行	11.8	343
46	サントリーホールディングス	11.7	111
47	三菱マテリアル	11.7	74
48	大正製薬	11.7	69
49	野村総合研究所グループ	11.5	244
50	キーエンス	11.4	70

＊2013〜15年の3カ年のデータで、慶應採用比率と年間採用数は3カ年平均数を利用、年平均採用数が15人未満の企業は除外した。順位は小数第2位以下を加味している。大学通信「有名400社就職データ」を基に本誌編集部作成

卒業生だけで約35万人

三田会の種別構成人数

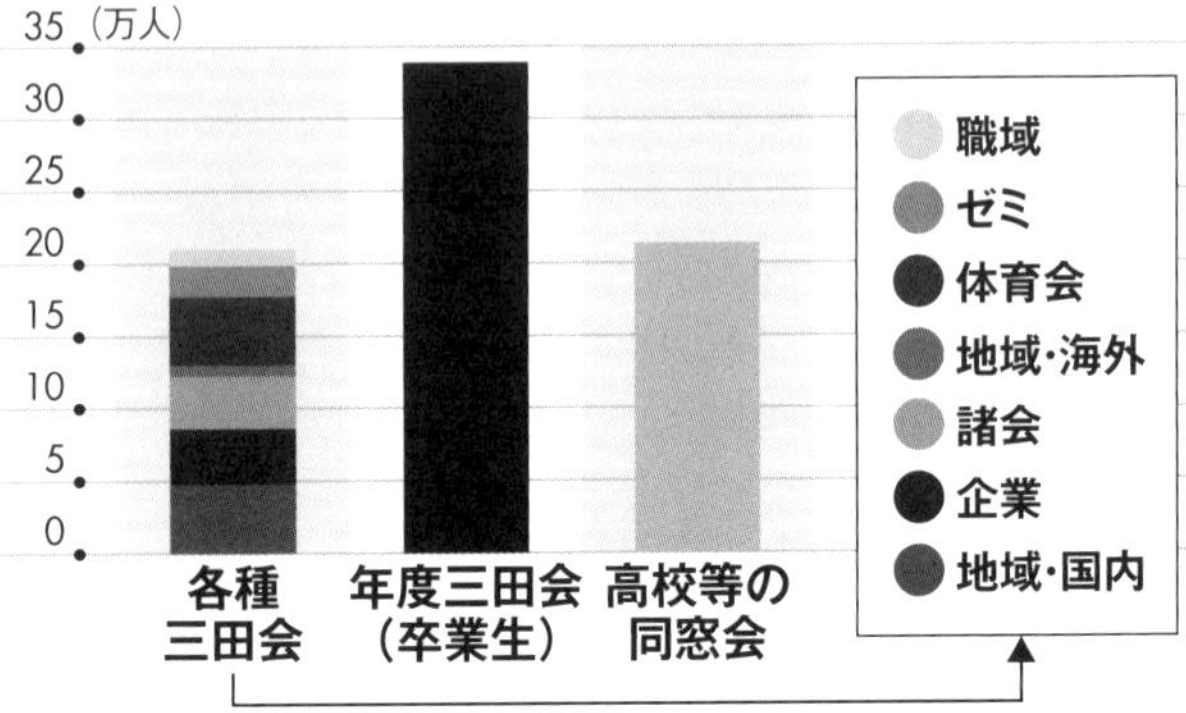

＊慶應連合三田会ホームページのデータを基に本誌編集部作成

会会員数の合計が約35万人（22ページ図参照）。公認の団体だけで862団体に及ぶ（23ページ図参照）。

団体数の26％を占めるのが企業単位で活動する三田会。組織力の大きなところでは、日立かなめ会が会員数2000人、東芝三田会が1500人など1000人単位にもなる（24ページ表参照）。

職域の三田会では公認会計士三田会が会員数4607人、三田法曹会が2577人と巨大だ。ただ、「3人寄れば三田会」と言われ、小さな組織もたくさんある。例えば早稲田三田会は慶應卒の早稲田教職員25人によるものだ。

企業三田会が支える

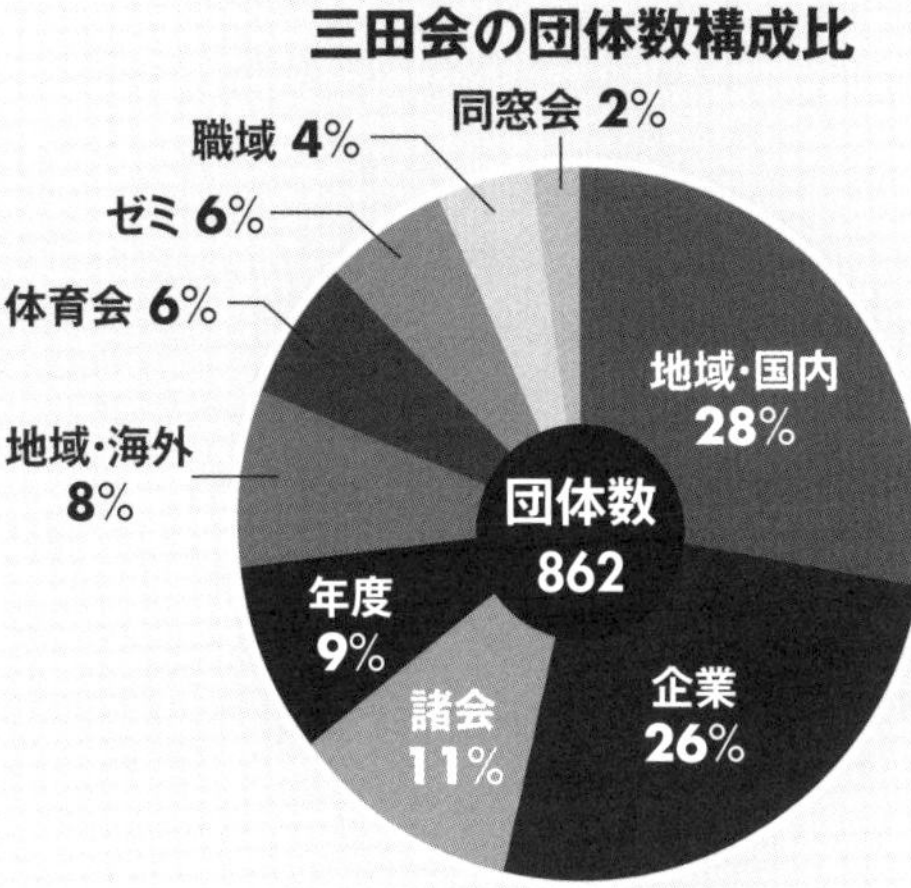

＊慶應連合三田会ホームページのデータを基に本誌編集部作成

創立150年寄付金で285億円を集めた

三田会は寄付活動で母校に貢献する。寄付の金額は会の強さと無縁ではない。

慶應は日本の他大学に比べ寄付の集金力が強い。14年度の寄付金収入は86億円で、早稲田大学（36億円）の2倍以上（25ページ表参照）。

慶應の創設者である福澤諭吉による「社中協力」という助け合いの理念の下、三田会は寄付活動にいそしむのだ。

本誌は過去10年分の寄付金データを調査。横浜初等部の設立や大学病院の新病棟建設などの費用を集めた「創立150年」に向けた寄付金に着目した。申し込みが約5万

大手企業から会計、法曹まで広がる

企業・職域三田会組織力ランキング

順位	団体名	会員数(人)	種別
1	公認会計士三田会	4,607	職域
2	三田法曹会	2,577	職域
3	日立かなめ会	2,000	企業
4	東芝三田会	1,500	企業
5	東京海上日動三田会	1,150	企業
6	富士通三田会	1,038	企業
7	東電三田会	1,000	企業
7	トヨタ三田会	1,000	企業
7	三井物産三田会	1,000	企業
7	三菱東京UFJ銀行三田会	1,000	企業
11	野村證券三田会	903	企業
12	パナソニック三田会	900	企業
12	三井住友海上三田会	900	企業
14	三菱電機三田会	834	企業
15	損保ジャパン日本興亜三田会	800	企業
16	第一生命三田会	750	企業
17	不動産三田会	580	職域
18	住友商事三田会	579	企業
19	三菱UFJ信託銀行三田会	553	企業
20	日本生命三田会	530	企業
21	丸紅三田会	520	企業
22	明治安田生命三田会	505	企業
23	東急三田会	500	企業
24	あいおいニッセイ同和損害保険三田会	492	企業
25	大蔵国税三田会	473	企業
26	JX三田会	431	企業
27	東京ガス三田会	412	企業
28	ホテル三田会	400	職域
28	三越伊勢丹三田会	400	企業
30	オール大成三田会	380	企業
31	ブリヂストン三田会	366	企業
32	デンソー三田会	362	企業
33	旅行三田会	354	職域
34	JTB三田会	350	企業
35	日本経済新聞社三田会	340	企業
36	朝日新聞三田会	330	企業
37	清水建設三田会	309	企業
38	音楽三田会	300	職域
38	静岡銀行三田会	300	企業
38	三菱商事三田会	300	企業
41	千葉銀行三田会	285	企業
42	宇宙三田会	280	職域
42	出版三田会	280	職域
44	関西不動産三田会	262	職域
45	味の素三田会	261	企業
46	(旧)大和銀行三田会	250	企業
46	髙島屋三田会	250	企業
46	三井化学本社三田会	250	企業
46	横河電機三田会	250	企業
46	横浜銀行三田会	250	企業

＊慶應連合三田会ホームページのデータを基に本誌編集部作成

件、金額にして285億円を集めた一大事業だったからだ。

そこで一部公表された寄付者データを基に、三田会寄付金ランキングを作成した（26、28、31〜33ページ表参照）。

企業・職域別トップは東急グループの東急三田会で、1799万円になる。2位の大成建設のオール大成三田会は1406万円で、5位の三菱地所三田会が861万円と続く。職域別では4位と9位に不動産系の三田会が食い込んでいる。

寄付金額で上位に入る会の多くは、集金できる組織力を持ち、額については、慶應との関係性、愛塾心なども影響してこよう。

単なるOB組織でありながら、職場や地域など、あらゆるところに根を張る三田会。

群を抜く慶應の集金力

主要大学の2014年度寄付金収入

大学名	寄付金額(億円)	収入比(%)
慶應義塾	85.6	5.7
早稲田	35.6	3.5
上智	6.6	2.7
明治	4.9	0.9
青山学院	5.9	1.6
立教	4.7	1.7
中央	3.8	0.9
法政	5.0	1.1

*各大学の2014年度消費収支計算書(決算)を基に本誌編集部作成

同級生や地域、部活から集金

創立150年寄付金総合ランキング

順位	団体名	寄付金額(万円)	種別	会員数(人)
1	慶應連合三田会	13,000	連合三田会	-
2	1957年(昭和32年)三田会	5,602	●年度	1,860
3	1984年(昭和59年)125年三田会	4,471	●年度	5,000
4	1985年(昭和60年)126年三田会	4,027	●年度	5,727
5	1983年(昭和58年)124年三田会	3,609	●年度	5,000
6	三田空手会	3,575	●体育会	650
7	1982年(昭和57年)123年三田会	3,566	●年度	-
8	三田バレーボールクラブ	3,378	●体育会	420
9	名古屋三田会	3,126	●地域·国内	1,207
10	岐阜三田会	2,256	●地域·国内	550
11	1980年(昭和55年)121年三田会	2,225	●年度	5,300
12	1981年(昭和56年)122年三田会	2,159	●年度	5,000
13	三田柔友会	2,137	●体育会	800
14	三田体育会	2,000	●体育会	22,131
15	重量挙三田会	1,818	●体育会	246
16	東急三田会	1,799	●企業	500
17	理工学部体育会ラグビー部OB会	1,656	●諸会	-
18	富山県三田会	1,567	●地域·国内	1,000
19	1971年(昭和46年)112年三田会	1,500	●年度	5,602
20	三田射撃倶楽部	1,490	●体育会	270

有名経済人が次々と寄付

個人の高額寄付金額の状況（直近10年）

氏名・肩書	寄付金額	使途
藤原 洋 インターネット総合研究所所長	**20億円**	創立150年寄付金
服部禮次郎（悦子） 故人・元セイコーホールディングス社長（夫人）	**3億4000万円**	慶應病院新病棟建設など
北尾吉孝 SBIホールディングス社長	**1億円**	創立150年寄付金
上原 明 大正製薬ホールディングス社長	**9,300万円**	創立150年寄付金
山岸広太郎 グリー取締役	**7,000万円**	山岸学生プロジェクト支援資金など
佐治信忠 サントリーホールディングス会長	**5,000万円**	創立150年寄付金・信濃町新病院棟建設資金
北島義俊 大日本印刷社長	**3,000万円**	創立150年寄付金

【データの作成方法について】　寄付金ランキングについては、慶應義塾機関紙「三田評論」（2005年12月号～10年12月号）の「慶應義塾創立150年記念事業資金寄付申込者芳名」を基に、公表された毎号の寄付者をデータ化し単純合算した。各号に名称がない場合は「中間報告」（09年4月末）分を掲載しているため、判明分となる。個人の寄付金状況については、「三田評論」（05年12月号～16年3月号）に「指定寄付」として高額寄付を行った個人・団体を抽出して、単純合算している。組織人数は連合三田会ホームページ記載の数値。地域三田会の人数は取材に基づく。企業合併のある場合はそれを加味した。

トップ人事や業界再編など、日本経済の裏には三田会、つまり慶應人脈がある。

東急三田会が寄付金額トップ

創立150年寄付金ランキング（企業・職域三田会）

順位	団体名	寄付金額(万円)	種別	会員数(人)
1	東急三田会	1,799	●企業	500
2	オール大成三田会	1,406	●企業	380
3	自由民主党国会三田会	1,155	○職域	28
4	関西不動産三田会	1,035	○職域	262
5	三菱地所三田会	861	●企業	215
6	東京ガス三田会	800	●企業	412
7	東電三田会	710	●企業	1,000
8	倉庫三田会	604	○職域	30
9	不動産三田会	582	○職域	580
10	三田法曹会	571	○職域	2,577
11	カネカ三田会	562	●企業	122
12	山口銀行三田会	500	●企業	94
13	公認会計士三田会	495	○職域	4,607
14	電通三田会	414	●企業	–
15	三井住友海上三田会	362	●企業	900
16	髙島屋三田会	352	●企業	250
17	キッコーマン三田会	345	●企業	84
18	山形銀行三田会	320	●企業	–
19	一宮グループ三田会	300	●企業	4
20	あいおいニッセイ同和損害保険三田会	270	●企業	492
21	北銀慶應義塾150募金の会	250	●企業	–
21	大垣共立銀行三田会	250	●企業	–
23	日本製粉三田会	228	●企業	34
24	東芝三田会	227	●企業	1,500
25	名古屋銀行三田会	201	●企業	41
26	七十七三田会	200	●企業	54
26	十六銀行三田会	200	●企業	–
28	安藤ハザマ三田会	197	●企業	43
29	守谷商会三田会	185	●企業	24
30	セイコー三田会	168	○職域	93
31	情報産業三田会	150	●企業	106
31	東邦ガス塾員一同	150	●企業	–
31	安川電機三田会	150	●企業	47
34	日本紙パルプ商事三田会	136	●企業	83
35	百五銀行塾員一同	129	●企業	–
36	名古屋鉄道三田会	122	●企業	–
37	森ビルグループ塾員有志一同	109	●企業	–
38	九電三田会	100	●企業	123
38	東邦銀行三田会	100	●企業	–
38	常陽三田会	100	●企業	147
41	京成三田会	91	●企業	–
41	近鉄三田会	91	●企業	100
43	京浜急行三田会	90	●企業	36
44	大陽日酸三田会	83	●企業	60
45	東京建物三田会	81	●企業	94
45	NTTドコモ三田会	81	●企業	–
47	東京証券三田会	80	○職域	–
47	沖電気工業三田会	80	●企業	200
49	和光三田会	77	●企業	16
50	ADEKAグループ三田会	75	●企業	–

創立150年寄付金額トップ100
東急、韓国、地銀がランクインした事情

（「ダイヤモンド・オンライン」2016年5月24日掲載記事を再編集しています）

慶應義塾大学は、日本の他大学に比べて寄付による集金力が強いのが特徴だ。２０１４年度の寄付金収入は86億円と、早稲田大学（36億円）の2倍以上に及び、ＭＡＲＣＨ（明治、青山学院、立教、中央、法政、総計24億円）が束になっても届かない金額である（決算、帰属収入ベース。25ページ表参照）。

慶應が「創立１５０年」の事業向けに集めた寄付金２８５億円は、横浜初等部の設立や大学病院の新病棟建設などに充てられた。この創立１５０年記念事業に寄せられた寄付金を金額順に並べた寄付金額順に並べた「三田会寄付金ランキング」（「創立１５０年寄付金総合ランキング」1～20位は26ページ表、21～１００位は31～33ページ表参照）をさらに徹底研究してみよう。

ここから分かるのが、昭和50年代後半の年度三田会が上位に入っていること。三田会の傑出している運営力がここに表れている。

毎年10月に開催される定期大会の運営は、10年刻みで年度三田会が関わることになる。そのため、実行委員は、卒業10年後に1回、20年後に1回、30年後に1回……と年度三田会の輪番制で担うことになっている。

準備は3年がかりとも言われる大仕事で、毎回1000人単位の実行委が世代を超えて協力して大会を運営するという「お祭り」。この仕組みによって、常に慶應卒業生としての意識を保つことになる。

さらに、「卒業25年」という節目に別のイベントが行われる。大学側が「塾員招待会」という催しを設けて、後輩の卒業式に卒業25年目の同期が集まるようにしている。

40代後半で一定の社会的地位を得たころに迎える同期会に、初めて慶應人脈の良さを知る人もいるほど。寄付をできるような世代になってから、大学に目を振り向かせる機会になっているのだ（詳細は150～159ページ参照）。

先の上位に来た昭和50年代後半というのは、ちょうどその頃卒業25年を迎えた年度三田会が中心になっていた。「創立150年」の寄付金は複数年度にわたって行われていたため、「卒業25年記念寄付」という名目で多額の寄付が集まったというわけだ。

また16位に入ったのが東急グループの東急三田会。企業・職域別のトップでもある（28ページ表参照）。

創立150年寄付金総合ランキング21位～50位

順位	氏名・団体名	寄付金額（万円）	種別	会員数（人）
21	三田射撃倶楽部	1,490	●体育会	270
22	オール大成三田会	1,404	●企業・職域	380
23	慶應陸上競技倶楽部	1,384	●体育会	700
24	福井県三田会	1,371	●地域	262
25	三田卓球会	1,289	●体育会	416
26	自由民主党国会三田会	1,155	●企業・職域	28
27	三田体操会	1,125	●体育会	196
28	広島慶應倶楽部	1,100	●地域	480
29	ワンダーフォーゲル部三田会	1,076	●諸会	1,100
30	登高会	1,055	●体育会	252
31	京都慶應倶楽部	1,045	●地域	350
32	関西不動産三田会	1,035	●企業・職域	262
33	徳島慶應倶楽部	1,020	●地域	360
34	韓国三田会	1,013	●地域	800
35	台湾三田会	1,007	●地域	300
36	讃岐三田会	1,000	●地域	250
36	岡山県三田会	1,000	●地域	800
38	豊橋三田会	988	●地域	266
39	1933年（昭和8年）三田会	977	●年度	–
40	佐賀三田会	902	●地域	251
41	三菱地所三田会	861	●企業・職域	215
42	1970年（昭和45年）111年三田会	827	●年度	5,600
43	東京ガス三田会	800	●企業・職域	412
44	1965年（昭和40年）106年三田会	729	●年度	5,500
45	東電三田会	710	●企業・職域	1,000
46	1964年（昭和39年）105年三田会	700	●年度	5,200
47	三田ホッケークラブ	670	●体育会	371
48	三田乗馬会	630	●体育会	329
49	倉庫三田会	604	●企業・職域	30
50	不動産三田会	582	●企業・職域	580

＊データについては前出【データの作成について】を参照

創立150年寄付金総合ランキング51位〜100位

順位	氏名・団体名	寄付金額（万円）	種別	会員数（人）
51	三田法曹会	571	●企業・職域	2,577
52	仙台三田会	568	●地域	220
53	和歌山三田会	564	●地域	128
54	カネカ三田会	562	●企業・職域	122
55	石川県三田会	556	●地域	400
56	1966年（昭和41年）107年三田会	554	●年度	5,600
57	三田水泳会	551	●体育会	829
58	バスケットボール三田会	535	●体育会	633
59	1964年（昭和39年）105年三田会	522	●年度	5,200
60	土佐三田会	507	●地域	204
61	一般財団法人慶應義塾高等学校同窓会	500	●同窓会	46,000
61	山口銀行三田会	500	●企業・職域	94
63	公認会計士三田会	495	●企業・職域	4,607
64	三田ハンドボール倶楽部	475	●体育会	323
65	三田柔友会35年卒洗耳会	473	●体育会	－
66	成田三田会	460	●地域	30
67	大分県三田会	456	●地域	271
68	三田バドミントンクラブ	439	●体育会	312
69	山形三田会	420	●地域	215
70	電通三田会	414	●企業・職域	－
71	静岡三田会	405	●地域	600
72	近江慶應倶楽部	401	●地域	100
73	慶應看護同窓会紅梅会	400	●同窓会	7,494
74	三田フェンシングクラブ	382	●体育会	230
75	三田拳法会	381	●体育会	180
76	三田ヨット倶楽部	379	●体育会	508
77	ニューヨーク三田会	364	●地域	1,428
78	三井住友海上三田会	362	●企業・職域	900
79	沼津三田会	355	●地域	210
80	髙島屋三田会	352	●企業・職域	250

順位	氏名・団体名	寄付金額（万円）	種別	会員数（人）
81	黒黄会	346	●体育会	1,076
82	キッコーマン三田会	345	●企業・職域	84
83	1956年（昭和31年）三田会	337	●年度	1,900
84	レスリング三田会	329	●体育会	260
85	山形銀行三田会	320	●企業・職域	–
86	札幌三田会	319	●地域	222
87	奈良三田会	313	●地域	250
88	1955年（昭和30年）三田会	305	●年度	1,908
89	新宿三田会	300	●地域	160
89	慶應婦人三田会	300	●諸会	–
89	1972年（昭和47年）113年三田会	300	●年度	6,100
89	一宮グループ三田会	300	●企業・職域	4
93	熊本三田会	298	●地域	300
94	慶應義塾商業学校校友会	296	●同窓会	240
95	三田相撲会	284	●体育会	122
96	あいおいニッセイ同和損害保険三田会	270	●企業・職域	492
97	三田ソフトテニス倶楽部	263	●体育会	495
98	三田ラクロス倶楽部	258	●体育会	536
99	北九州三田会	253	●地域	500
100	北銀慶應義塾150募金の会	250	●企業・職域	–
100	大垣共立銀行三田会	250	●企業・職域	–

＊データについては前出【データの作成について】を参照

東急グループと慶應の関係は、日吉キャンパスの設立時までさかのぼる。実は、大正末期に三田キャンパスが手狭になり、移転場所を探していた慶應側に手を差し伸べたのが東急グループだった。

1928（昭和3）年に東急側が日吉キャンパスの一部の土地を無償提供することにした。その後、東急東横線が開通。東横線の発展には慶應有りという歴史的な背景もあるため、東急グループの三田会が強いというのもうなずける。

20位以下も見ていこう。

三田会は海外にも69の団体を持っており、34位には韓国三田会、35位には台湾三田会と海外の三田会が名を連ねる。

韓国・ソウルには日本人の集うソウル三田会とは別に、慶應留学をした韓国人を中心とした韓国三田会がある。その設立は1881年と古く、サムスン電子や暁星グループの幹部らも会員であり、日本企業の就職を支援する仕組みもある（詳細は108～113ページ参照）。

32位の関西不動産三田会、50位の不動産三田会（首都圏）は、親睦団体の枠を超え、会員同士で情報交換が活発に行われている。「三田会」以外の情報流出を禁じるようなビジネスの「おいしい話」まで交わされている（詳細は44～55ページ参照）。

61位の山口銀行三田会、85位の山形銀行三田会、100位の大垣共立銀行三田会など地方銀行に三田会が多いのも、地銀105行中、頭取・社長が20人と慶應出身者がトップにあることが背景にある。地銀の企業合併に三田会の果たした役割があるほどだ（詳細は58〜65ページ参照）。

82位のキッコーマン三田会など、上位に来る特定の企業においては慶應にゆかりの深い経営者らが関わっているケースが少ない。（116〜119ページにキッコーマンの茂木友三郎名誉会長インタビュー掲載）。

三田会を通して眺めれば、違った日本経済界が見えてくるのだ。

Masumi Usui

Part 1

最強の人脈

日本を動かす慶應勢

鉄道・街開発、不動産取引、業界再編……。
さまざまな場面で、慶應義塾人脈がつながっている。
日本経済の裏に三田会あり。
慶應出身者たちが日本を動かしている。

三つのキャンパスをつなぐ〝ケイオウ線〟鉄道計画の全貌

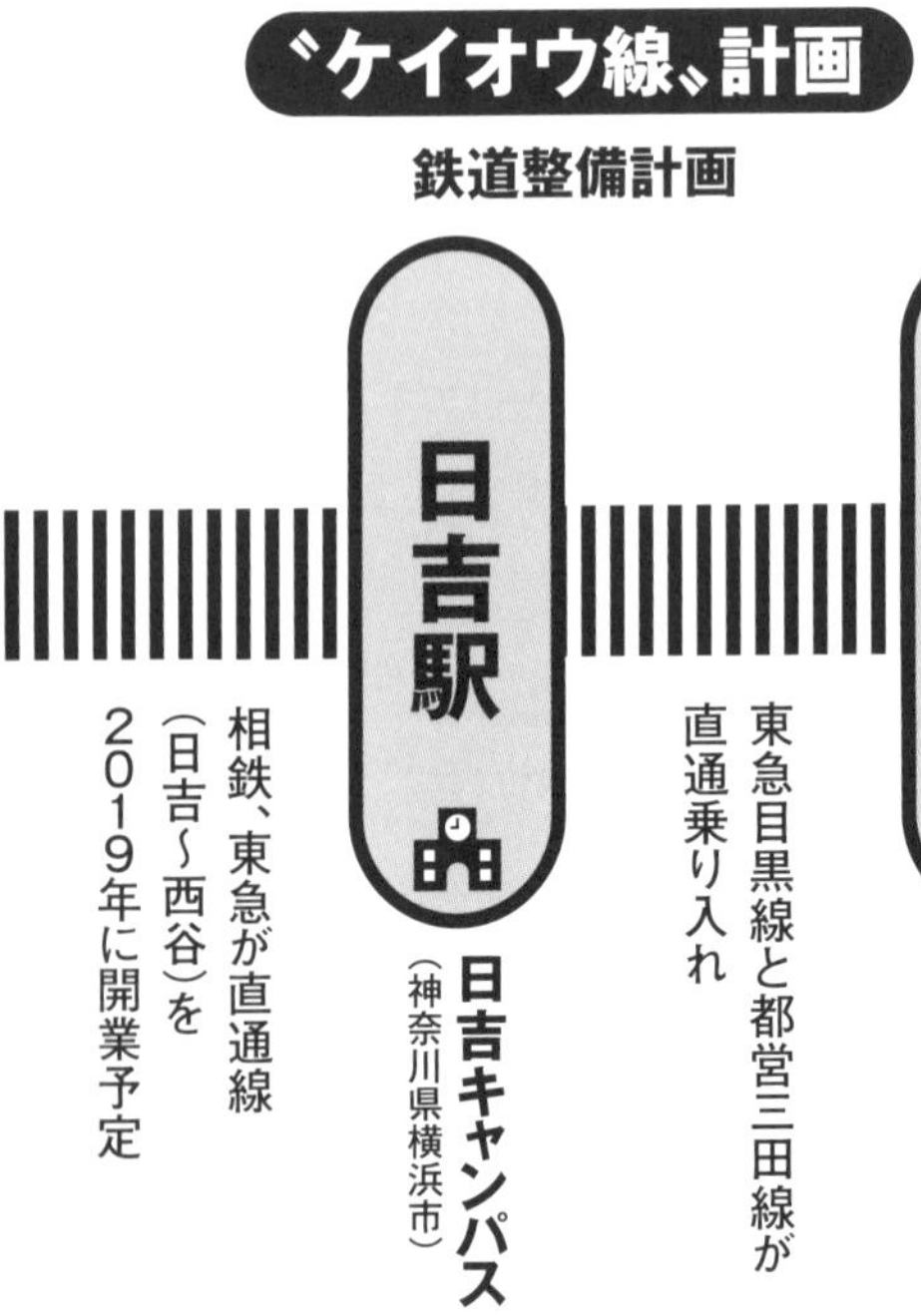

慶應義塾長である清家篤の元に2016年4月、神奈川県知事である黒岩祐治から電話が入った。7日に国土交通省が固めた鉄道整備を促す答申案に相模鉄道いずみ野線延伸が盛り込まれ、その喜びを分かち合ったのだ。

答申案は国土交通相の諮問機関である交通政策審議会の小委員会が首都圏鉄道網の将来像を示したもの。この中で2030年をめど

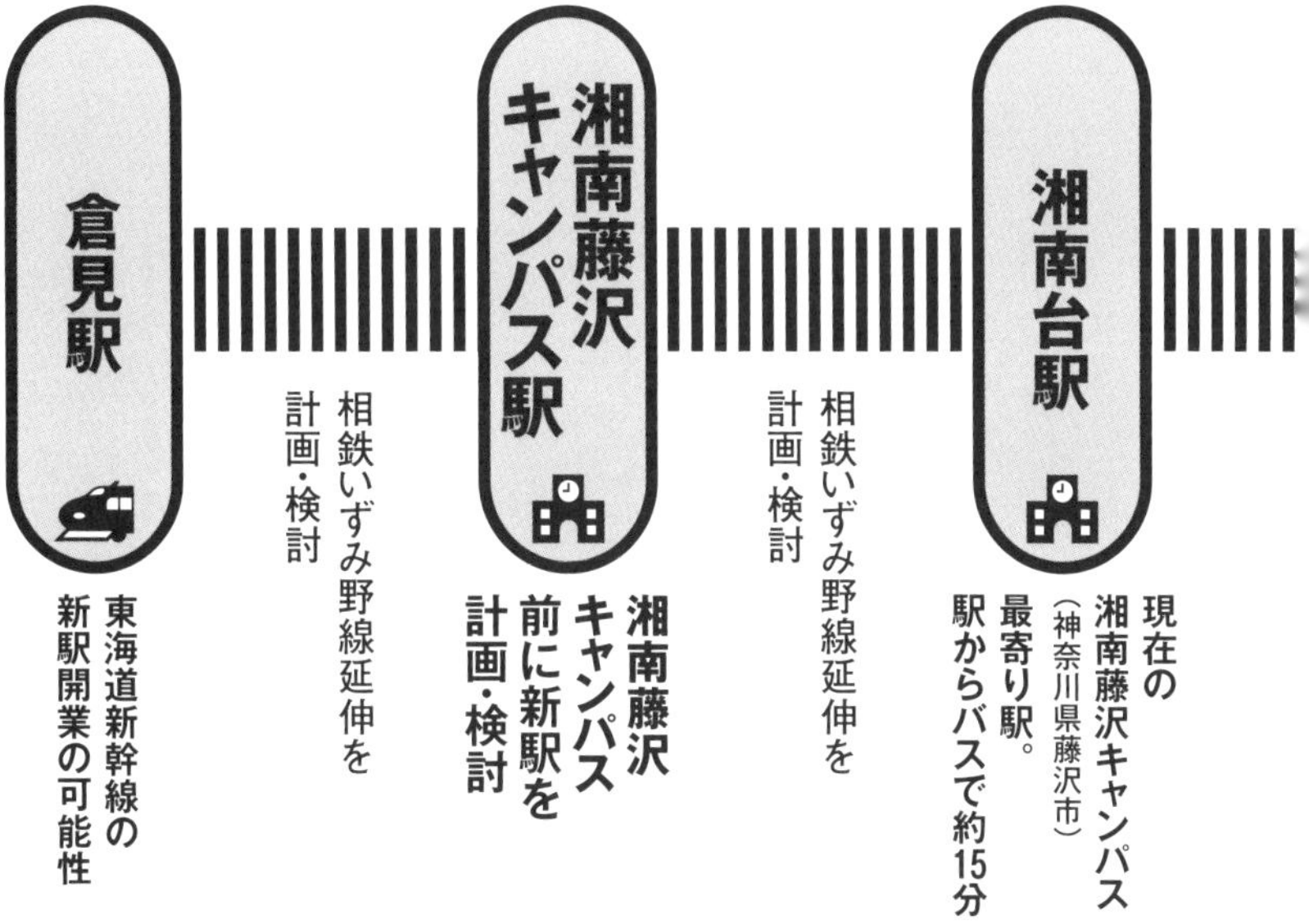

にした将来像において意義のあるプロジェクトに、湘南台駅（神奈川県藤沢市）から倉見駅（同寒川町）までの相模鉄道いずみ野線延伸が選ばれた。

「これは慶應の悲願なんです」。慶應義塾常任理事の國領二郎は語気を強める。延伸計画が実行に移されれば、湘南藤沢キャンパス（SFC）、日吉、そして三田の各キャンパスが、直通でつながり得る。三つのキャンパスをつなぐ、言うなれば〝ケイオウ線〟の開通である。

　現在、湘南台駅止まりの相鉄いずみ野線を倉見駅まで延伸するなら、倉見駅と湘南台駅の間にあるSFCの前に湘南藤沢キャンパス駅が新設できる。そしてSFCから湘南台駅までが鉄道でつながる。

湘南台駅はSFCの現時点での最寄り駅で、この駅からバスで約15分の所にSFCがある。湘南台駅と日吉キャンパス（横浜市）の最寄り駅である日吉駅の間は、相鉄と東京急行電鉄が直通線（日吉〜西谷）の19年開業を予定しており、こちらも直通化される。

日吉駅から三田キャンパス（東京都港区）の最寄り駅である三田駅までは、東急目黒線と都営三田線が直通乗り入れをしている。

「SFCの体育会の学生は、約1時間半かけて練習のために日吉へ通っている。鉄道がつながれば乗車時間は37分。二つのキャンパスの距離が縮まれば、受けられる授業の範囲がすごく広がる」と國領は期待を込める。

首都圏鉄道整備の答申は十数年に1回しか出されないものなので、今回の答申案に延伸計画が盛り込まれることは、慶應にとって最重要目標だった。

慶應卒財界人もSFC駅新設を後押しした

祈るだけでは夢で終わる。慶應は鉄道利用者数が増えるよう、街づくりに力を注ぐ。中でも追い風となり得るのが病院の開設だった。

その誘致は成功した。慶應義塾大学病院出身者が経営する健育会による湘南藤沢記念病院の17年開設が決まったのである。

街づくりと並行して、國領たちは関係者たちの元を行脚した。神奈川県は、慶應卒で前知事の松沢成文、現知事の黒岩共に賛同してくれた。政財界の慶應出身者たちにも協力を仰ぎ、これを受けて慶應卒の西室泰三（東芝名誉顧問・元社長。編集部注：17年死去）などが後押しに動いた。ちなみに相鉄ホールディングスのトップも慶應卒である。

近年、学生の都心志向に伴い、郊外キャンパスから都心回帰する大学が多い。その中で神奈川県に多くのキャンパスを持つ慶應が繰り出すのは、郊外キャンパスのあるエリアの街づくりを行い、都心から鉄道をつなげるという大技だ。

今回の答申案から外された場合は、次回見直しまで十余年待たねばならなかった。緊張感が高まる中、16年4月に出された答申案のプロジェクトリストの一番最後、24番目に相鉄いずみ野線延伸が盛り込まれた。

16年4月20日、答申は予定通りに国土交通大臣へ提出された。ケイオウ線計画は実現に向けて歩を進めている。

Interview
1

神奈川と慶應に一体感

黒岩祐治

神奈川県知事

慶應義塾は神奈川県内では日吉と湘南にキャンパスがあり、横浜初等部（小学校）も開設され、神奈川の学校という意識が強い。県が進める政策において、慶應はものすごく力強いサポーターだ。

塾長の清家さんには、県の政策を議論する総合計画審議会で会長をやっていただいている。

相鉄いずみ野線延伸は慶應の悲願なんだよね。清家さんから何度もお話を頂いた。あのエリアは確かに充実させたい所で、県の最重点課題として国へも強力に働き掛けた。

今回、国の答申案に盛り込まれたことで、ボールはこちら側に来た状態。慶應はどのようにしてたくさんの乗降客が利用する駅にしていくか、魅力ある街づくりができるか。それをどう、われわれが支援するかだね。

早稲田大学出身の私がいずみ野線延伸を唱えたからって、稲門会（早稲田ＯＢ会）からクレームが来たなんてのはないですよ（笑）。そもそも早稲田は神奈川にキャンパスがないもの。一方で神奈川と慶應は一体という感じ。

私自身、政治家として慶應に支えてもらっている。２０１５年、初めてのネット選挙があったでしょう。あのときに、ＳＦＣ（湘南藤沢キャンパス）のチームが情報発信のサポートをしてくれた。

ツイッターでつぶやいたり、フェイスブックに書き込むと、どのような反応が来るのか。皆さんの投票行動、関心にどう結び付くかなんていうのを、ずっとフォローしてくれたんだ。彼らとしては研究対象なんだろうけど、ありがたかったよ。（談）

Toshiaki Usami

秘密の物件情報が飛び交う不動産三田会の月例会に潜入

「東京、神奈川の事業用地・古ビルをご紹介ください」「ビルオーナー様がテナント募集中！」――。不動産業界でも知られていない、〝ここだけの情報〟が書かれたチラシや資料が、会場で次々に配られる。

慶應義塾大学出身の不動産業界関係者が集う「不動産三田会」は、毎月1回、物件の売買やテナント募集などに関する情報交換のための会合を開く。本誌は2016年4月20日夕方、約70人が参加して都内で開かれた月例会を潜入取材した。

会合が始まる前から、各会員は自社が扱う物件の売買などに関するリストなどを配って歩く。初対面の相手とは名刺交換をするが、名刺の端には「不動産三田会会員」などと刷り込まれていたり、シールが貼ってあったりする。

いよいよ開会。まずは成約案件の発表だ。

「○○年経済学部卒の△△です」とのあいさつから始まり、売買仲介を手掛けた土地や建物

Satoru Okada

S.O.

S.O.

会員にチラシを配って営業活動(上)。机の上にはチラシや資料がどっさり(下左)。
会合の後は懇談会でさらに結束を強める(下右)

の取引の中で、会員の業者との間で成約させた5人が参加者の前で案件を順番に発表、感謝の辞を述べた。

会員同士で成約した場合は、10万円を上限に気持ち程度の額を慶應の育英会組織に寄付するしきたりだ。

続いて、参加者に順番にマイクが回されていき、各自が求めている情報や、アピールしたい物件やサービスを訴える。

「××年法学部卒の□□です。本日は客付けをお願いしたい物件が1件ございます。小田急線△△駅徒歩3分の事務所です」――。

机の上には50枚を超えるビラやチラシ、物件が書き込まれた書類が積まれ、参加者たちはその中から発言者の資料を引き抜いて目を凝らし、情報に聞き入る。

不動産三田会は1988年設立。現会員数は約730人で、関東地方の自営の不動産仲介業者が多くを占める。他にはビルオーナー、不動産取引に詳しい弁護士、税理士、司法書士、大手デベロッパーの開発担当者もいる。

有象無象の世界で慶應出身の安心感

前代表世話人の稲村忍（稲村建設社長）は「会員同士での取引が毎月、必ずどこかで成約している」と話す。なぜか。

そもそも慶應出身者は関東に多く、他大学の出身者と比べて、裕福な業者の子弟であったり、大手デベロッパーで経験を積んでから独立したりと、有力な業者が多い。かつ、三田会人脈で富裕層にもつてがあるので、関東、とりわけ都心の不動産取引に関する情報が集まりやすいのだ。

ビジネスライクというべきか、商売っ気旺盛というべきか……。稲村も「親睦を主目的とした他の三田会と比べると、確かに異色」と認める。中には会員との取引だけで事業を成立させている業者もいるというから驚きだ。

ゴルフコンペ、マージャン、ボウリング、釣り、忘新年会に納涼会など、仕事を離れたイベントも年間30回超催される。もともと結束が強いとされる三田会だが、実利と親睦が結び付くことで、他に類を見ない特徴を備えている。

不動産取引の成否にはやはり、有力な情報にいかに早くアクセスするかが肝要だ。東京都心の情報がとりわけ集まりやすいため、いやが上にも成約は増え、会員相互の結束も強まる。

また、不動産業界は裾野が広く、財閥系の大手不動産から、果ては反社会的勢力まで、プレーヤーの幅はあまりに広い。そんな有象無象がうごめく不動産取引の世界にあって、「同じ慶應出身であるという安心感は、他には代え難いものがある」（不動産三田会事務局の佐

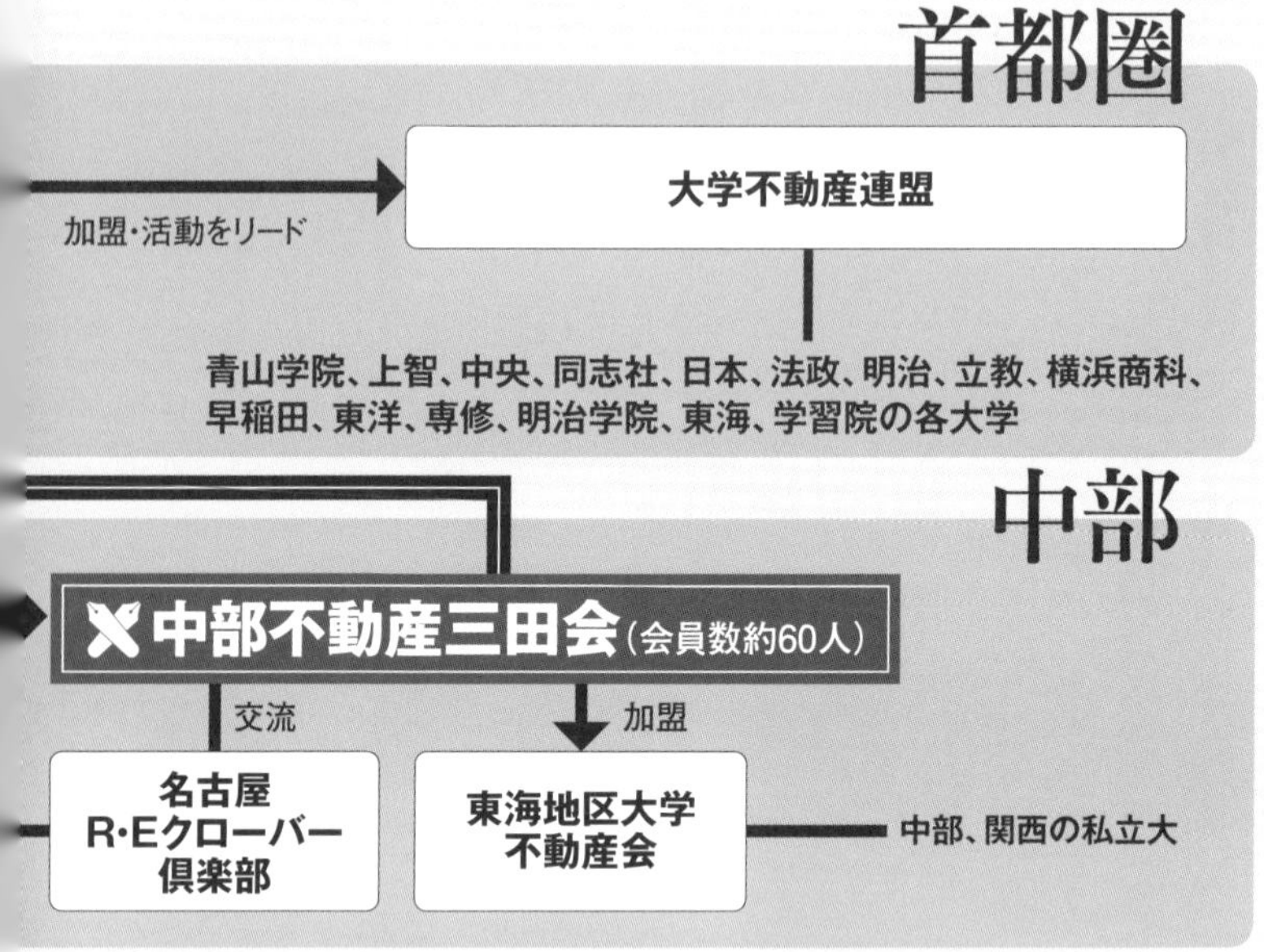

＊各団体のホームページや取材を基に本誌編集部作成

藤正人）。

都内屈指の高級住宅街にある小規模マンション1棟の売却先を探している業者の男性は、マイクが来ると「オーナーさまから、不動産三田会以外の業者には物件情報を出さないでほしいと言われております。大手デベロッパーの社員の方も、どうか会社に帰ってから社内で情報を伝えないでいただきたい」と念押ししていた。

他大学も見習う緊密な結束と連携

税理士ら不動産取引の制度に

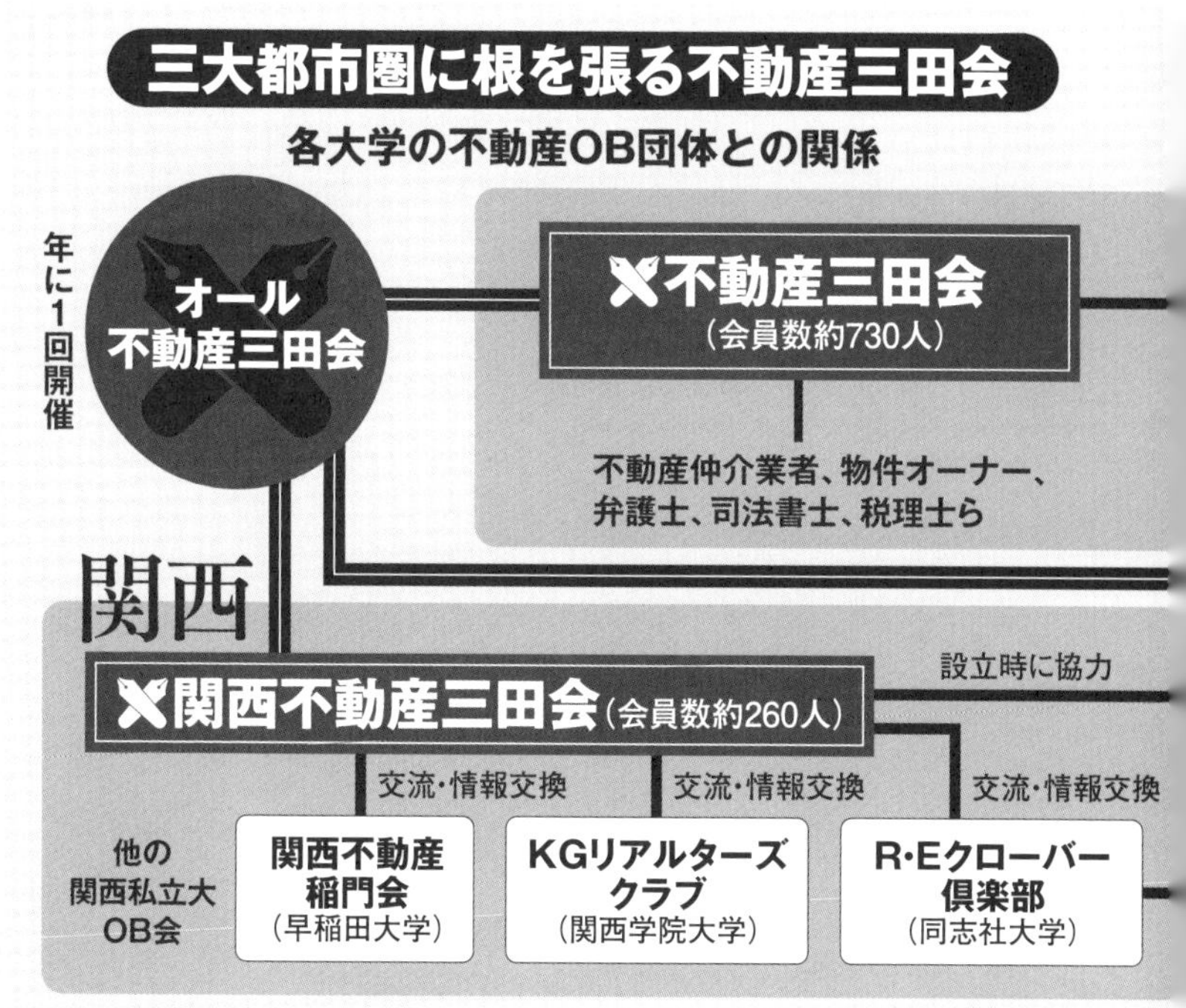

詳しい専門家が会員にいることの意義も大きい。

この日の会合では、会員でもある不動産専門紙「週刊住宅」社長の長尾浩章が、民泊をめぐる規制緩和の実情について講演。国は民泊の普及を目指しているが、近隣住民が反対するケースも多く、自治体によっては条例で事実上、民泊を禁止しているケースがあることを説明した。

不動産と一口に言っても、客が個人か法人か、売買か賃貸かなど、ビジネスの形態はさまざまで、制度やルールもそれぞれ異なり、複雑で多岐にわたる上、改正されることも頻繁で、一人で全てを把握するのは容易ではない。

ところが不動産三田会の人脈をたどれば、多種多様な不動産ビジネスを手掛ける業者だけでなく、税理士や司法書士といった実務の知識を持つ専門家も多い。かつ、先輩、後輩や同級生という間柄なので「例えば後輩なら、ちょっと教えてよ、と電話一本でアドバイスがもらえる」と稲村は言う。まさに、持つべきものは会員かな、である。

当然ながら、他の大学を出て不動産業界に身を投じた人も多い。そこで48～49ページの図のように、東京を中心とした16大学の不動産ＯＢ団体で構成する「大学不動産連盟」（駒澤大学は準会員）で、他大学とも連携。出身大学の垣根を越えて、業界に関する情報交換や勉強会を開催し、親睦を図っている。

ここに加盟する各大学のＯＢ団体自体が、活動内容などについて、不動産三田会を参考にしているという。

S.O.

会員同士のヒソヒソ話でも、大きな案件が動く

とはいえ「実際には不動産三田会ほど、盛んな活動はできていないようだ」（不動産三田会関係者）。早稲田大学出身者は「一匹おおかみタイプ」が多い、といった校風の違いも影響しているのかもしれないが、それだけではない。

不動産取引は、情報の質と速さが命。不動産三田会の活動を通じて、他にはない有力な情報に接することができるからこそ、各会員の活動にも熱が入る。ところが他の大学だと、慶應出身者ほど有力な情報に接することが難しく、コストと時間をかけてまで、わざわざ集まろうというモチベーションが起こりにくいのだ。

不動産三田会と他大学の勉強会も開催されるが、「肝心な情報は、自分たちの会合でしか出さない」という不動産三田会員もいる。

【関西】同志社、関学ら地元大OB会とも連携

不動産三田会の活動は関東以外のエリアにも広がっている。

関西には、「関西不動産三田会」がある。92年設立で、初代代表世話人は、神戸市を拠点とするマンションデベロッパーである和田興産会長の和田憲昌。2代目はスーパーホテル会長の山本梁介ら有力者が務めた。

慶應出身者は関西にも一定数はいるが、関東ほど多くはない。そこで物件情報については、

早稲田（「関西不動産稲門会」）と同志社大学（「R・Eクローバー倶楽部」）、関西学院大学（「KGリアルターズクラブ」）の不動産OB団体との間で定期的に、東京の不動産三田会と同様の会合を開いている。

地元の不動産情報にはやはり、地元の大学出身者が強く、関西の他の私立大学にも不動産OB団体は存在する。それでも、ミッションスクールで育ちの良い学生が多いとされる同志社と関学は、慶應と雰囲気が近く、ウマが合うのかもしれない。

ただ、現代表世話人の福川益則（フクカワ企業社長）は「会の活動は、実利よりも、広く不動産業界や市況の方向性について、見識を深めることを重視している」と語る。

例えば、今では珍しくなくなった不動産投資信託（REIT）については、講師を招いた勉強会などを通じて、90年代後半ごろから学んできた。

福川も近鉄不動産勤務時代、三田会人脈を通じて、大阪市内でタワーマンション建設用地を取得。さらに完成後は、これを1棟丸ごとREITに売却することができた。こうした取引には三田会人脈だけでなく、会の活動を通じて学んだREITの知識が生きた。

さらには会の活動として、2年に1回程度、東南アジアを中心に海外の不動産の現地視察も実施している。

会員企業の中には海外で不動産投資をしている企業もあり、現地三田会との交流で、不動産市況や政治情勢について情報交換をする。2016年11月には関西不動産三田会として、ベトナム・ホーチミンで開かれる「ASEAN連合三田会」の会合に参加する予定だ。

福川は奈良県立奈良高校から慶應に進んだ。ほとんどの生徒が地元の国公立大学を目指すのは今も昔も変わらないが、「慶應なら社会に出てからの人脈に恵まれそうだ」と考え、親戚の助言もあって受験した。

実際、サラリーマン時代から、家業の不動産業を継いだ現在に至るまで、三田会人脈は福川にとって欠かせないものになっている。

【中部】2011年に中部エリアでも設立

「名古屋三田会」に「トヨタ三田会」「デンソー三田会」……。トヨタが影響力を持つ地元財界にあって、三田会もまた独特の存在感を放つ。

その中で地元不動産業界における三田会である「中部不動産三田会」の設立は2011年と最近。まだまだ新顔だ。

岐阜県大垣市のゼネコン、宇佐見組会長の宇佐美治雄が前述の関西不動産三田会の現代表世話人で、当時は近鉄不動産で名古屋に勤務していた福川と意気投合し、設立につながった。

現会員は、東京や関西の不動産三田会の元会員だったり、現在でも重複して加入している者もいる。

年に1回は「オール不動産三田会」が開催され、地域の枠を超えた情報交換や親睦も図っている。

中部や関西の大学不動産OB団体でつくる「東海地区大学不動産会」にも加盟。また、ここに加盟していない同志社の「名古屋R・Eクローバー倶楽部」からは「他の中部の大学ではなく、中部不動産三田会と組みたい」と要望があり、定期的に会合を開いている。

早稲田は中部では不動産OBによる目立った活動がなく、団体も特に存在しないようだ。中部不動産三田会も会員数が60人弱とまだ少なく、東京のように有力な情報があふれ、次々と成約案件が生まれるほどには至っていない。

15年は、仲介案件だけでなく、会員間のゼネコンとデベロッパーの間で2件の工事契約が成立したが、現代表世話人で宝交通会長の長崎守利は「大手不動産やゼネコンの名古屋支店長が入会しても、やがて異動し、情報交換の場で終わってしまう面もある」と話す。

そこで関西と同様に、中部でも、物件情報のやりとりだけでなく、市況や業界について見識を深める機会を増やしていく考えだ。

長崎は、現役学生時代に「愛知慶應学生会」を設立し、早稲田の学生にも働き掛けて、今でも定期的に開催される、名古屋での草野球早慶戦を始めたほどのリーダーシップの持ち主だ。三田会全体としての活動は盛んな地域だけに、中部不動産三田会も今後、エリアで存在感を高めていくのかもしれない。

Interview 2

独立後に手厚い支援の輪

1973年商学部卒

田中秀夫

エー・ディー・ワークス社長

不動産三田会に入会したのは、西武不動産（現西武プロパティーズ）に勤務していた1990年です。会社の先輩が会員だったんですね。

サラリーマン会員もいましたが、会員のほとんどは仲介会社など、自分自身が経営者。みんな自由な発想で、自分の意見を率直に発言する。一介のサラリーマンだった私には、そんな言動は取れません。大企業しか知らなかった私には、大きな刺激になりました。

現在の会社に移ったのは、創業一族の一人息子で、大学のゼミの同級生だった青木愛一郎君が37歳で病死し、学生時代から知っていた青木君の父親から、会社を継いでほしいと言われたからです。そのとき、不動産三田会の他の会員から受けた刺激も、私に決心させるきっかけとなりました。入会した翌年のことでした。

エー・ディー・ワークスはもともと、歴史のある染色会社でしたが、70年代に不動産業に転換し、現在は首都圏を中心に、収益不動産販売や、プロパティーマネジメントなどを手掛けています。

会の活動は、不動産売買の情報源でもありますが、それだけではありません。独立後は、会員の先輩たちが寄ってたかって面倒を見てくれた。慶應出身というだけで、ここまでしてくれる。こんな組織は他にありませんよ。ビジネスマンの付き合いなので、体育会ほど上下関係が厳しくなく、先輩、後輩でも対等ですし。

おかげさまで副代表世話人をやらせてもらい、会社も昨年、東証1部に上場しました。これからは、若い人の役に立ちたい。今では慶應出身の自社の営業社員を、会の活動に参加させています。(談)

S.O.

動いた九州、どうなる東北
慶應人脈が動かす地銀再編

1年に1度、全国から20人弱もの地方銀行首脳が集まり、東京・銀座にある高級料亭、東京吉兆の東京本店で一堂に会する夜がある。地銀頭取三田会だ。

慶應義塾大学を卒業した地銀の現役頭取・社長だけが参加できる、知る人ぞ知る会合だ。地銀の頭取は、金融庁幹部との意見交換会のために月に1度、全国から東京に参集する。そのタイミングに合わせて、地銀頭取三田会は開催される。当日の夜は、銀座の一角に頭取の帰りを待つ黒塗りの高級車がずらりと並び、異様な雰囲気を醸し出す。

地銀頭取三田会の「大親分」はスルガ銀社長

発起人は静岡県に本店を置くスルガ銀行の社長、岡野光喜だ。岡野は慶應の評議員を務めるなど、財界の首脳も「慶應への貢献度が高い」と口をそろえる重鎮の一人。

地銀界では、創業家出身で社長に30年以上も君臨する異例の〝絶対君主〟でもある。地銀頭取三田会に参加する地銀首脳たちは、この71歳の大先輩のことを畏敬の念を込めて「大親分」と呼ぶ。

実はこの地銀頭取三田会、初会合が2014年11月で、まだ2回しか開催されておらず、歴史は浅い。しかし、これほど注目に値する三田会もそうはないはずだ。

理由の一つは、地銀界における慶應の存在感の強さだ。60ページの図に、地銀首脳の出身大学をまとめたが、地銀全105行のうち、20行もの地銀の頭取・社長が慶應卒なのだ（16年5月時点）。

全体の2割弱を占め、2位の早稲田大学と比べてもダブルスコア以上の大差で圧倒している。

ある地銀幹部は、「背景には生え抜き頭取の増加がある」と解説する。かつては、頭取ポストが旧大蔵省や日本銀行の天下り先という地銀が多く、元エリート役人で東京大学卒の頭取が多かった。

しかし、天下り先の地銀は時代の流れとともに次第に減少。すると、「地銀レベルだと東大卒の行員はま

Takahisa Suzuki

東京吉兆の東京本店に横付けする黒塗りの高級車。三田会がお開きになると、頭取の出迎えで何台も列を成す

2割弱を占める最大学閥

地方銀行における慶應卒の頭取・社長

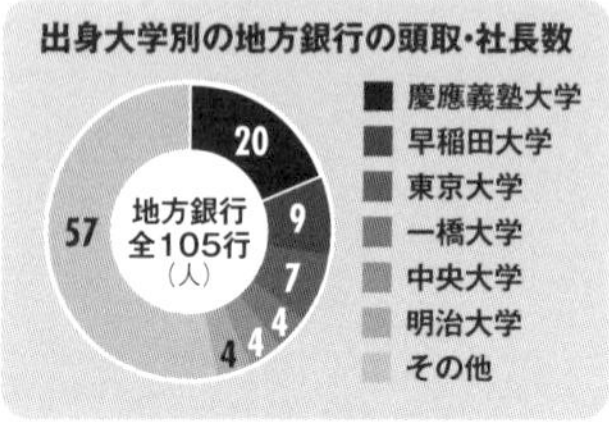

＊円グラフの数字は2016年5月時点

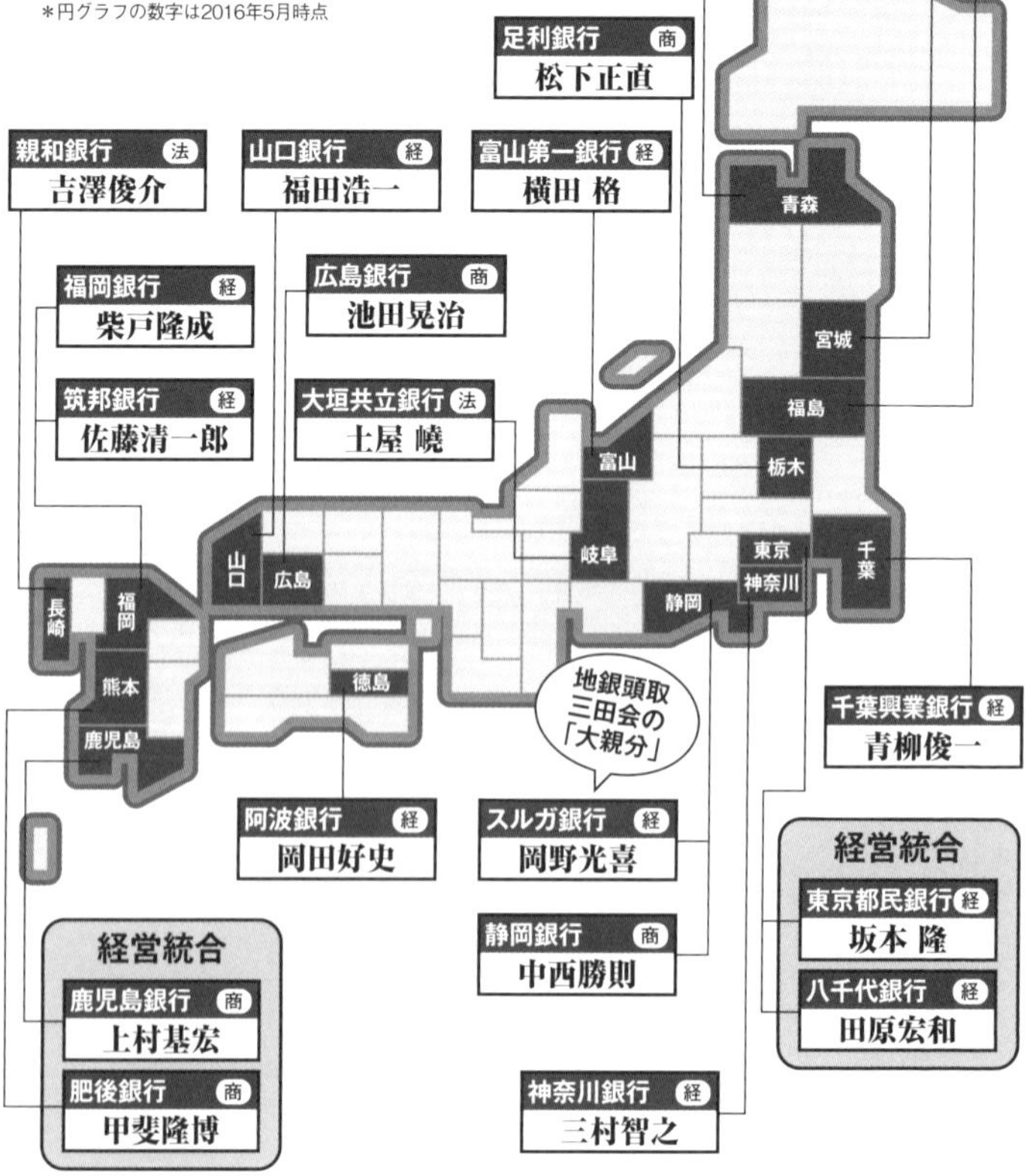

ずいない」ため、東大卒の頭取も数が減ってきた。その代わりに台頭してきたのが、慶應卒の生え抜き頭取というわけだ。

ちなみに、この図内に登場する首脳の中で地銀頭取三田会のメンバーは17人。第一地銀と呼ばれることもある、狭義の地銀の首脳に限られる。八千代銀行（東京都）、神奈川銀行、富山第一銀行の3行は出自が異なる第二地銀であり、ほぼ別業界扱いであるためだ。

そして、地銀頭取三田会が注目されるもう一つの、そして最大の理由は、メンバー同士で経営統合を決めた2行が出たことだ。

肥後銀行（熊本県）の頭取である甲斐隆博と、鹿児島銀行の頭取である上村基宏は、福岡支店長を務めた時期が重なり、親交を深めた。このとき、慶應商学部1975年卒業の同期同士だったということが、2人が意気投合するのに一役買ったといわれている。

その後、人口減少に対する問題意識や地銀の将来像という踏み込んだ話をする間柄となり、経営統合を決断。15年10月に持ち株会社の九州フィナンシャルグループ（FG）を設立するに至った。

実は14年11月に開催された地銀頭取三田会の初会合は、肥後銀行と鹿児島銀行の経営統合が明るみに出た日のわずか2日後だった。当日は「今日は経営統合の説明会見か」と、冗談を飛ばしながら集まった頭取たち。ただ、いざ会が始まると「みんな大人の対応」（参加した頭取）で、その件は話題に上らなかったという。

地銀界では銀行数が多過ぎるという指摘があり、再編の必要性がかねて叫ばれてきた。しかし、再編は遅々として進まず、あっても経営不振に陥った地銀の救済や弱小連合の設立くらいだった。

ところが、慶應人脈を一つの要因として、地元で一番手の〝殿様〟である肥後銀行と鹿児島銀行が再編に踏み切った。そして、それが号砲だったかのように、ドミノ倒しで大型の地銀再編が相次いだ。そのため、地銀界で慶應人脈の注目度が一気に高まったのだ。

すでに経営統合を決めていた東京都民銀行と八千代銀行の両頭取が、そろって慶應卒に変わったこともその盛り上がりに花を添えた。

「コンラッド仲間」や頭取3人の野球観戦も

「地銀の頭取は慶應への帰属意識が驚くほど高い人が多い。三田会だけでなく、いろいろな慶應のつながりがある」。そう明かすのは、自身も慶應卒の地銀関係者だ。

例えば、通称「コンラッド仲間」というつながりが存在するという。地銀の頭取は金融庁幹部との意見交換会に毎月参集すると前述したが、そのときに東京・汐留にあるホテル、コンラッド東京に宿泊するグループだ。肥後銀行の甲斐、静岡銀行頭取の中西勝則、山口銀行頭取の福田浩一などが、その「コンラッド仲間」だという。

また、経営統合を決めた肥後銀行の甲斐、鹿児島銀行の上村と、彼らの2年後輩である広島銀行頭取の池田晃治の3人は飲み仲間だ。池田から広島に誘われた甲斐と上村が、「マツダスタジアムで3人そろって広島東洋カープの野球観戦をしていた」(九州FG関係者)といった目撃談も届いている。

慶應のつながりは、銀行間の因縁も引き裂くことはできない。その代表例が、犬猿の仲である福岡銀行と山口銀行だ。

山口県から関門海峡を越えて、肥沃な経済圏が広がる福岡県へ攻め入る山口銀行は、福岡銀行からすれば地元への侵略者。11年10月、山口銀行の九州エリアにある店舗を引き継いだ北九州銀行という新銀行が設立されてから、その関係はさらに悪化した。

しかし、福岡銀行頭取の柴戸隆成と山口銀行の福田は、「慶應経済学部卒の同期で、実は仲がいい」(慶應卒の地銀頭取)という。

こうした慶應人脈が、新たな再編の呼び水にならないかと期待されている地域の一つが東北地方だ。

地銀が再編に踏み切る主な理由は、人口減少が招く地元経済の弱体化という、将来の経営環境の悪化に対する危機意識だ。そして、東北は特に厳しい人口減少が予想されている。

国土交通省の「国土のグランドデザイン2050」によれば、10年の人口に対する50年の人口減少率は、青森・秋田・岩手の北部3県で40%以上50%未満。山形・福島の2県も30%以上40%未満という厳しい試算値が並ぶ。

東日本大震災の復興という最優先課題があり、保守的な風土も相まって再編話は脇に追いやられていた感もある東北の地銀。しかし、そろそろ再編も含めた生き残り策を本気で考えなくてはいけない時期に差し掛かっている。

再編の必要問われる東北地銀に慶應卒のキーパーソン

そこで東北の地銀で慶應卒の頭取を見てみると、再編の鍵になるとみられている地銀の頭取が多い。その一人が七十七銀行（宮城県）の頭取、氏家照彦だ。「東北の地銀は仙台を押さえないと生き残りが難しい。そういう意味では、東北の〝殿様〟である七十七が動けば、再編は一気に動きだす」（地銀幹部）ともいわれる。

また、東邦銀行頭取の北村清士の動向も注目されている。東京電力福島第1原子力発電所の事故の影響もあり、福島県内の地銀が単独で生き残りを図るのは、以前よりも一段と厳しさを増しているからだ。

こうした中、15年4月には青森銀行の頭取に成田晋が就任し、慶應卒の頭取が新たに加わった。

さらに、16年6月には、荘内銀行（山形県）と北都銀行（秋田県）の経営統合によって誕生したフィデアホールディングスの社長に、同じく慶應卒の田尾祐一が就任する予定だ。

もちろん、再編という銀行の歴史に残る重大な決断は、「相手の頭取が同じ慶應卒だから」という単純な理由だけで決まるわけでは決してない。互いの営業エリアや基幹システムなどを踏まえた統合効果や、相手をのむのかのまれるのかという力関係などを総合的に勘案して決定が下される。

とはいえ、「地銀において、再編を決断できるのは経営トップの頭取だけ。その頭取同士が腹を割って話せる仲でなければ、そもそも再編の話など進まない」（大手地銀幹部）のもまた事実だ。

今後の地銀再編においても、慶應人脈の行方を引き続き注目しておいた方がよさそうだ。

COLUMN

慶應のあるべき姿を実践 静岡地銀2人の名物経営者

銀行業界において慶應義塾大学の話題で外せないのが、慶應卒業生である静岡県の名物地方銀行経営者2人だ。

一人は、1967年経済学部卒のスルガ銀行社長、岡野光喜。慶應の最高決議機関である評議員会に名を連ねる重鎮だ。もう一人は、76年商学部卒の静岡銀行頭取、中西勝則だ。

この2人は共に「本来の慶應卒らしさ」を持つ。今でこそ「慶應卒は会社組織の中で機能して働くことに長けている」(慶應卒の30代大手商社社員)ともいわれるが、その根底にあるのは、起業や新たな挑戦をよしとするチャレンジ精神だ。

それを実践するかのように、岡野はスルガ銀行のビジネスモデルを「もはや地銀ではない」(地銀幹部)といわれるまでに変革した。銀行の花形である法人向け事業を捨て、個人向けに特化。同時に顧客管理システムをつくり込み、他行の追随を許さないマーケティングを実現した。

実は、これは対静岡銀行を意識した戦略だった。2行の総資産を比べると、スルガ銀行が約4兆円であるのに対して、静岡銀行は約11兆円。地元のガリバーとの正面衝突を避けるニッチ戦略を追求して、新たなビジネスモデル構築に挑戦したのだ。

一方の中西も、地銀界で上位という静岡銀行の規模に安住することなく、経営改革を進めている。

無料対話アプリを手掛けるLINEの前社長、森川亮と顧問契約を結んだのもその一例だ。金融とITの融合を意味するフィンテックの波が銀行界に押し寄せるといわれる中、銀行と正反対の文化を持つIT界と、急ピッチで人脈を構築している。

慶應がこうあろうとしてきた姿は、静岡の地銀経営者に見て取れるのだ。

T.U.、T.S.

やり方は違えど、銀行らしからぬ大胆な経営改革に取り組むスルガ銀行と静岡銀行の両トップ

COLUMN

慶應人脈が誕生させた博多の巨大商業施設

博多の街には2016年、開業20周年を迎えた人気観光スポットがある。巨大複合商業施設「キャナルシティ博多」。博多を天神に続く商業地区に発展させたこの施設の開発の裏にも、実は慶應人脈が一役買っていた。

キャナルの開発を行ったのは慶應卒で福岡地所会長の榎本一彦だ。榎本はキャナル開発の際、自動車販売会社に土地を売ってもらうため、車の販売にまで携わって同販売会社の売り上げに貢献。その成果で土地を手にした逸話を持つ。地元関係者によれば、「この車の販売などにも慶應人脈が生かされた」というのだ。

当初、榎本は主要人員にも慶應出身者をそろえて開発に当たったという。慶應卒で榎本の叔父である故・四島司（福岡シティ銀行〈現西日本シティ銀行〉元頭取）も、キャナルを「博多の活性化のために絶対必要なもの」だとして強烈に後押ししていた。

福岡の地は、そもそも三田会が強い。とりわけ今の福岡三田会はあまたある三田会の中でひときわ輝いている。福岡商工会議所会頭の礒山誠二（西日本シティ銀行副頭取）や九州経済連合会会長の麻生泰（麻生セメント会長）、西日本鉄道相談役の明石博義や九電工元社長の橋田紘一など、九州の大御所がズラリと名を連ねているのだ（68ページ表参照）。

福岡といえば福岡県の誇る名門、修猷館高等学校の〝学閥〟が強いことで知られるが、慶應も負けてはいない。福岡でビジネスに関わる慶應卒がほぼ必ず身を置き強いつながりを持つところ、それが福岡三田会だ。

福岡三田会の結束力は、20年以上にわたって同会長を務めた四島の時代に、より強まったとされる。四島は福岡経済界にその名を残す〝伝説の人〟。ファミリーレストラン「ロイヤルホスト」を展開するロイヤル（現ロイヤルホールディングス）や家電量販のベスト電器など、福岡出身の企業を育てたインキュベーターだ。時間さえあれば人を選ばず面会に応じる、銀行の頭取とは思えない気さくで豪快な人だった。

行きわたる慶應人脈

主な九州の慶應出身者

福岡商工会議所
〈会頭〉礒山誠二・西日本シティ銀行副頭取
〈副会頭〉榎本重孝・福岡地所特別顧問
〈副会頭〉前川道隆・西部ガス興商相談役

会頭・副会頭5人中、3人が慶應

九州経済連合会
〈会長〉麻生 泰・麻生セメント会長
〈副会長〉福田浩一・山口銀行頭取
〈副会長〉姫野昌治・大分銀行会長
〈副会長〉甲斐隆博・肥後銀行頭取
〈副会長〉竹島和幸・西日本鉄道会長
〈副会長〉上村基宏・鹿児島銀行頭取
〈副会長〉柴戸隆成・福岡銀行頭取

会長・副会長15人中、7人が慶應

その他、福岡の主な慶應出身者
●明石博義・西日本鉄道相談役
●橋田紘一・九電工元社長
●榎本一彦・福岡地所会長
●佐藤尚文・九州電力副社長
●太田輝幸・ホテル日航福岡社長
●川原 健・ふくや前社長
●西高辻信良・大宰府天満宮宮司

かつて福岡シティ銀行（現西日本シティ銀行）元頭取の故・四島司という重鎮がいた

そんな四島が長くトップにいたのだから、「その下の者たちがお高くとまっているわけにはいかないじゃないですか」と福岡三田会関係者。自然、福岡三田会は横のつながりを強めていくようになったという。

慶應の意思決定を行う評議員に四島が九州代表で初めて立候補したときには、福岡三田会が銀行本店の一室に「選挙対策本部」を設置。三田会の面々が常駐したり、仕事の合間に集まったりして朝から晩まで票集めをした。もちろん手弁当で、だ。

こうした結束のDNAが福岡三田会には脈々と受け継がれている。「慶應とは大したものだなぁ」。ある福岡の経済人はしみじみ漏らす。

三田会自体はあくまでも卒業生による親睦会だ。「気品」を重んじる慶應だけに、福岡三田会でも「あからさまに慶應人脈を利用しようとする人は嫌厭される」（福岡三田会員）。しかし、慶應の強固なつながりは冒頭のように時にビジネスに発展する。三田会は水面下で、確実に財界を動かしている。

名大が財界重鎮を輩出する愛知で現役の上場社長は慶應が圧倒

（「週刊ダイヤモンド」2017年3月25日号「名古屋教育 最強ルート」特集掲載記事を再編集しています）

「財界総理」と呼ばれる日本経済団体連合会（経団連）会長に東レ会長（当時）の榊原定征が就任したのは2014年のこと。当時、経団連会長の後任人事は大本命とされた日立製作所会長（当時）の川村隆が固辞したために難航していた。巡り巡って打診された榊原も消極的な姿勢を見せた。

経団連はかつてのような政治に対する影響力を失っていたが、それでも会長出身企業はカネとヒトの負担が変わらず大きい。それに見合ったメリットを享受できるわけでもない。

にもかかわらず榊原が最後に首を縦に振った裏には、同じ名古屋大学工学部を卒業した元経団連会長、豊田章一郎（トヨタ自動車名誉会長）による説得があった。

母校では、学部ごとの同窓会を統括するため02年に設立された「名古屋大学全学同窓会」で章一郎が会長、榊原が副会長を務めていた。公私共に関係の深い大先輩に請われては、腹をくくるしかなかった。

父は名大、トヨタ社長は慶應ボーイ

名古屋大学全学同窓会会長

豊田章一郎

トヨタ自動車名誉会長（1947年名大工卒）

名古屋大学全学同窓会の副会長（一部）

- 統合前の松坂屋トップ ▶ 岡田邦彦 J.フロント リテイリング元会長（1958年名大経済卒）
- 森村財閥がルーツの会社 ▶ 柴田昌治 日本ガイシ相談役（元社長）（1959年名大法卒）
- 伊藤忠で唯一の名大出身社長 ▶ 丹羽宇一郎 伊藤忠商事元社長（1962年名大法卒）
- デンソー元会長の兄弟 ▶ 齋藤英彦 名古屋医療センター名誉院長（1963年名大医卒）
- 日本経済団体連合会会長 ▶ 榊原定征 東レ相談役最高顧問（元社長）（1967年名大院工修了）

出身大学別愛知県内上場企業社長数（県内大学と慶應義塾大）

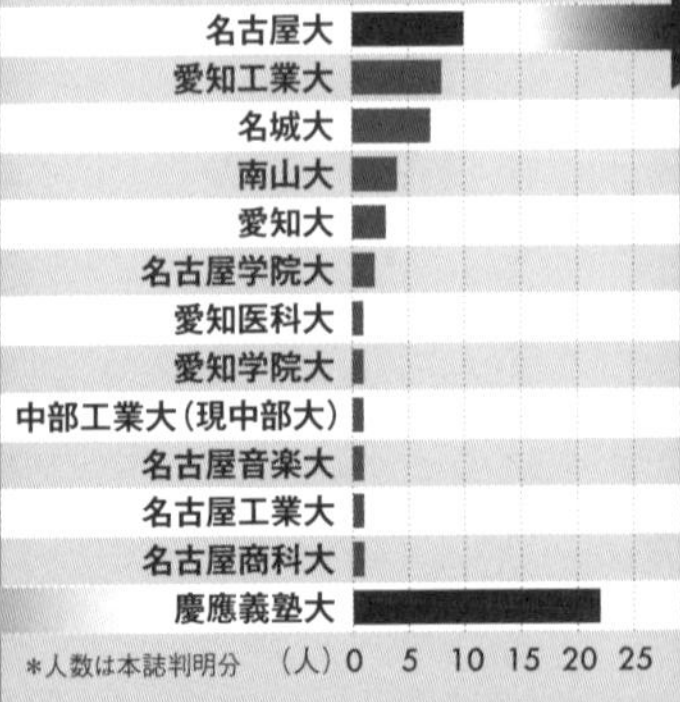

＊人数は本誌判明分

名古屋大出身の愛知県内上場企業社長

社長名	企業名	卒業年	卒業学部
花木義麿	オークマ	1965	工
前田和彦	ウッドフレンズ	1969	農
久米雄二	トーエネック	1972	法
佐藤 徹	愛知電機	1972	理
神谷兼弘	中央紙器工業	1974	経済
小倉 忠	ノリタケカンパニーリミテド	1975	院工
小島寛志	名糖産業	1976	経済
神田廣一	愛知時計電機	1976	工
松井 徹	住友理工	1979	工
大西 朗	豊田自動織機	1981	法

REUTERS/アフロ

章一郎名誉会長の息子

豊田章男

トヨタ自動車社長（1979年慶大法卒）

名古屋三田会の注目幹部

会長 加藤千麿 名古屋銀行会長（1963年慶大法卒） ◀ 創業家一族

副会長 岡谷篤一 岡谷鋼機社長（1967年慶大経済卒） ◀ 岡谷財閥

理事 滝 茂夫 タキヒヨー会長（1974慶大法卒） ◀ 瀧財閥

理事 三輪弘芳 興和社長（1980年慶大院商修了） ◀ 三輪財閥

理事 富田英之 東明テクノロジー社長（1982年慶大経済卒） ◀ 神野・富田財閥

慶應義塾大出身の愛知県内上場企業社長

社長名	企業名	卒業年	卒業学部
坂本精志	ホシザキ	1959	工
岡谷篤一	岡谷鋼機	1967	経済
後藤正三	伊勢湾海運	1971	法
吉江源之	木曽路	1971	法
八代芳明	東海染工	1973	法
太田雅晴	中部鋼鈑	1974	文
鎌田敏行	サガミチェーン	1974	経済
徳倉正晴	徳倉建設	1975	経済
木下幹夫	カノークス	1975	法
勝野 哲	中部電力	1977	工
長谷川友之	ニッセイ	1978	法
武山尚生	中央可鍛工業	1979	経済
渡邉將人	兼房	1979	経済
豊田章男	トヨタ自動車	1979	法
内田 亙	名鉄運輸	1979	商
中野義久	ヤマナカ	1979	法
石黒 武	大同特殊鋼	1980	法
鈴木龍一郎	大日本木材防腐	1982	経済
神野吾郎	サーラコーポレーション	1983	商
永井 淳	新東工業	1984	商
関 敬史	フジミインコーポレーテッド	1989	法
山口真史	ATグループ	1994	経済

旧帝国大学の一つである名大は、東海地区の大学の頂点に君臨している。中部経済界においても、間もなく100周年を迎える経済学部同窓会「キタン会」の人脈などが張り巡らされ、大きな影響力を持ってきた。最たるものが2000年に浮上した銀行3行の経営統合話だ。

当時の東海銀行、三和銀行、あさひ銀行の各トップは名大経済学部卒。まさに名大人脈によって手を取り合い、統合交渉が進められた。その後にあさひ銀が離脱、東海銀と三和銀が統合して02年にUFJ銀行が誕生した。

さらにUFJ銀は06年、東京三菱銀行に吸収合併されて三菱東京UFJ銀行となり、結局、地域の中核となる銀行を失う結末となった。「名大人脈から始まった再編ではあるが、これは黒歴史」と名大OBは悔しがる。

金融業界には今も再編の波が押し寄せている。目下の焦点は地方銀行だ。

17年2月、三重県にある三重銀行と第三銀行が統合を発表した。統合交渉を主導した両行の頭取も、共に名大経済学部卒だった。

しかし、である。全国的に見れば、地銀トップには慶應義塾大学出身者が圧倒的に多い。慶應大OBの地銀頭取が集う「地銀頭取三田会」なるものまであり、メンバーが率いる銀行同士の経営統合もあった（詳細は58～65ページ参照）。

岡谷家ら中京財閥の創業家や経営者に慶應卒ズラリ

地銀のみならず、全国から創業家の御曹司が通う慶應大のOBパワーは、名大天下の名古屋の地においても勢力を増している。名大の同窓会組織のある幹部は「名大出身経営者の跡取りたちは慶應大卒ばかり」とため息を漏らす。

その象徴がトヨタである。名大出身の章一郎の長男でトヨタ社長の豊田章男は慶應大を卒業した。

愛知県に本社を持つ上場企業における出身大学別社長数を見ると、名大は県内大学の中では最多。しかし、慶應大出身の社長数と比較すると半分にすぎない。

岡谷家、瀧家、富田家ら中京財閥の創業家や経営者は慶應大に通った。彼ら名古屋の慶應大OB約1200人が集う「名古屋三田会」は、慶應創立150年（08年）を記念した寄付金募集において、全国各地の地域三田会の中で最も多額となる3000万円超の寄付金を集めてみせた（26ページ表参照）。

慶應大に通った跡取りたちの教育ルートをさらにさかのぼると、名古屋の私立中高一貫校である東海中学・高校の存在が浮かび上がってくる。

元来、愛知県は地元志向が強い県民性で、地元の高校、大学を卒業し、地元で働くことを望む者が多い。

自動車を中心に製造業が強く、同県の製造品出荷額等は約40年にわたって全国1位。日本一のものづくり県であり、県内の企業数も多い。故に仕事も生活も地元で完結できてしまうのだ。

そんな中にあって東海高には「県外への進学を厭わず、東京を志向する学生が多い」と同高OB。国公立大医学部合格者数で全国1位を誇り、卒業生は全国の医学部へと散る。併願先として首都圏や関西の私立大学を受ける者が多く、東海高の大学別合格者数（16年実績。大学通信データ）からも、その傾向が読み取れる（75ページ表参照）。

慶應大の高校別合格者数（16年実績）で見ると、県内で1位（全国40位）だ。大学受験まで待たずに「東海中学校から慶應義塾高校への進学を希望する同級生もいた」（東海高OB）という。

「東海中・高→慶應大」が現代の跡取り「黄金ルート」

東海高を経て慶應大を卒業した県内の社長は、「商売人の子供が多いためか、慶應大にも東海高にもネットワークをつなげていくことが好きなタイプが多い」と言う。

この社長の同窓の経営者は、「トヨタ杏葉会」なるものに所属している。同会はトヨタ本体、トヨタグループ企業、サプライヤー組織の「協豊会」、販売店、さらには下請けまでが集う東海高のトヨタ系同窓会組織。会員数は1000人を超え、経営者も多い。

設立当初の会員はトヨタの社員だけだったが、発足から10年たったころ、社外にも輪が広がった。その裏には単なる親睦に終わらない密かな狙いがあった。

当時、会の中核にいたトヨタの購買・調達担当幹部は、下請けの経営の実態や課題、技術力などをもっとつぶさに把握したかった。

ヒエラルキー構造の頂点に君臨するトヨタ本体の幹部が下層の2次下請け、3次下請けに直接アプローチすれば、その間にある企業は面白くない。同窓生という理由で接触すれば、私的な関係だと言い訳が立つ。

同窓会組織という建前の下、トヨタの幹部たちは下請けの工場なりを訪れて問題点などをじかに知ることができた。同窓のよしみで本音を聞き出し、解決の糸口を見いだしていったのである。

学閥は不公平な身びいきや癒着の土壌に

東京や関西も受験

東海高校の大学別合格者数ランキング

順位	大学名	合格者数(人)
1	立命館大学	124
2	東京理科大学	92
3	同志社大学	77
4	早稲田大学	72
5	慶應義塾大学	55
6	名古屋大学	54
7	名城大学	45
8	南山大学	41
9	明治大学	34
10	京都大学	33
11	東京大学	31

*2016年。大学通信のデータを基に本誌編集部作成

なり得る。一方でネットワークは使いよう。信頼関係を醸成するきっかけとなる人脈をさまざまな形で持っていることも経営者の実力のうちだ。

その意味でも「東海中・高→慶應大」は、地元志向の強い名古屋人の気質には合わないようでいて、地元に戻っても人脈が生きる、跡取りの最新「黄金ルート」なのである。

もっとも、愛知県には未上場の中小企業も数多くあり、愛知県内に本社を置く企業（未上場を含む）の社長6万2730人の出身大学別の人数をランキングすると（帝国データバンク名古屋支店調査。15年12月末時点）、上場企業の社長のランキングとはまったく異なる結果になる（77ページ表参照）。

1位は4年連続で名城大学（1395人）、2位は愛知学院大学（1343人）。いずれも県内の私大であり、未上場企業を含む全国の社長数でトップの日本大学のような位置付けだろう。

注目したいのは、上位10大学のうち7大学が県内の大学であることだ。地元での教育を受けて社長になる者がやはり多い。

跡取りの県外進学はリスクもある。首都圏や関西の大学に進学すると、地元に戻って跡を継ぐという人生以外にも多様な選択肢が転がっている。

「視野も人脈も広げられるよう東京の大学に行かせたのに、結局、地元に帰ってこなかった」

と嘆く経営者は少なくない。

「慶應レベルに入れるならばともかく、基本的には外へ出したくない」と地元のオーナー社長は言う。

大学の入り口として有力な高校を見ると、名大合格者数（16年実績。大学通信データ）の上位10校は全て県内の高校。地元志向の強さが表れている。

また、東海高を除くと全て公立だ。愛知県は「公立王国」と呼ばれており、進学実績の高いトップ高校には公立が多い。私大においても合格者数では公立高校が上位を占めている。

地元私大が多い

出身大学別社長数ランキング（愛知県内）

順位	出身大学名	社長数(人)
1	名城大学	1395
2	愛知学院大学	1343
3	愛知大学	873
4	日本大学	664
5	慶應義塾大学	636
6	愛知工業大学	585
7	名古屋学院大学	512
8	南山大学	499
9	早稲田大学	450
10	中京大学	423

出所:帝国データバンク

トップクラスの公立高では地元一本ではなく、医学部志望を除けばまず東大と京大、次いで名大を目指すというのが一般的だ。

ちなみに東京大学合格者数（16年実績。大学通信データ）では、東海高が31人で県内トップ（全国22位）、岡崎高校が26人で県内2位（全国28位）、旭丘高校が県内3位（全国30位）。京都大学では旭丘高が35人で県内1位（全国12位）、東海高が33人で県内2位（全国13位）、岡崎高と明和高校が各22人で県内3位（全国24位）となっている。

中学・高校よりさらに早期からのルートでは、08年に南山大学附属小学校が開校したことで大学までの「南山一貫ルート」が誕生。跡取り教育の新たな選択肢となっている。「名古屋の慶應幼稚舎（小学校）」と誇れるだけのブランドはまだ確立されていない途上段階だが、南山大学は地元トップ私大。幸か不幸か、地元御用達の地域限定ブランドであるため、大学卒業後も地元にとどまりやすい。

名古屋の代表的あるいは特徴的な跡取りルートは、従来の王道である「トップ公立高→名大」、現代の黄金ルートである「東海中・高→慶應大」、小学校からレールを敷いた「南山一貫ルート」などである。

いずれの道を選ぶにしろ、行程と共に肝心なのは、その間に何を学び取るかだ。中身がなければ、「2代目、3代目が会社をつぶす」ルートを進みかねない。

合計売上高はなんと106兆円！慶應出身社長は日本経済の1割を担う

（「ダイヤモンド・オンライン」2016年5月26日掲載記事を再編集しています）

慶應義塾大学出身者が社長を務める企業の合計売上高は106兆円である。慶應出身の社長は自社の業績を伸ばすことができているのか。

全国約300万社の企業データを保有する東京商工リサーチから、代表者が主要9大学出身者の個別企業業績のデータ提供を受けた（データについての詳細は84ページ参照）。そこで明らかになったのは、慶應出身社長の企業は全国約9300社に及ぶということ。早稲田の約8600社を上回る数値である。

80ページの表をご覧いただきたい。

抽出条件は、2014年3月期以降で、売上高などの決算数値の残る企業（決算期変更をしていない会社）。そのため、実際の数はもっと多いと見てよいだろう。

表の右端にも示したように、個別業績の売上高を積み上げていったところ、慶應は

老舗は慶應、新興は早稲田

出身大学別の創業・設立時期と売上高総計

創業・設立年代／大学名	終戦前（〜1945年）	終戦後（〜1954年）	高度成長（〜1973年）	安定期（〜1991年）	低成長期（〜2008年）	リーマンショック後（〜2016年）	総計（社）	売上高合計
慶應義塾	**2,251**	**1,453**	2,034	1,708	1,497	333	**9,276**	106兆円
早稲田	1,434	1,198	2,005	1,979	**1,634**	**353**	**8,603**	76兆円
東京	384	243	400	450	591	153	2,221	128兆円
上智	186	113	248	251	239	70	1,107	6兆円
明治	1,233	1,083	1,927	1,695	1,177	214	7,329	15兆円
青山学院	519	445	675	725	513	111	2,988	9兆円
立教	677	531	763	669	445	102	3,187	10兆円
中央	848	799	1,556	1,801	1,113	181	6,298	25兆円
法政	750	705	1,383	1,401	860	146	5,245	12兆円

＊東京商工リサーチのデータ提供を基に本誌編集部作成

１０６兆円になった。日本全体の総売上高は１３７７兆円（経済センサス調べ）なので、日本の８％の経済圏を慶應出身の社長が占めているという見方もできる。

実際、上場企業の時価総額で見ても、市場全体の12％が慶應出身の社長企業で構成されている。

つまり、日本経済の約1割を慶應出身社長が担っていると言えそうだ。

また特徴的なのは、慶應出身の企業は老舗が多いということ。戦前（１９４５年以前）に創業・設立した企業数は２２５１社を数え、早稲田の１４３４社を上回っている。

慶應には、創業家の2代目や3代目が多いという話もあり、それをうかがわせる

流通と製造が多い

慶應卒社長企業の業種

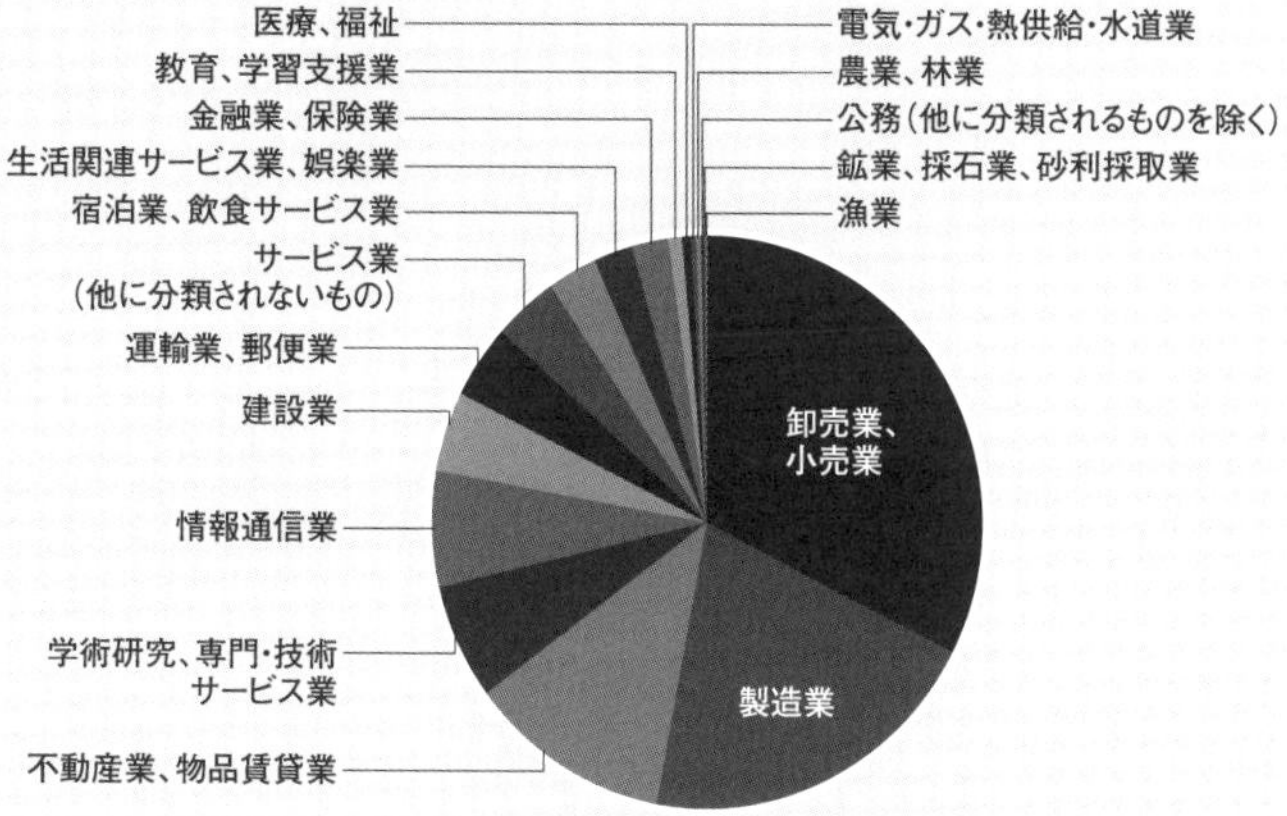

データだ。

一方、慶應出身の社長らが物足りなさを感じているのが起業面。もともと、多くの起業家を輩出してきた慶應にあって、バブル崩壊後の設立・創業数は早稲田に届かない状況だ。

最近は慶應大学湘南藤沢キャンパス（SFC）の出身者の起業が目立つが、単なる高給サラリーマン輩出校ではなく起業家を輩出してきた慶應のアイデンティティが今後、発揮されるのか注目である。

慶應出身社長が時価総額を高めている業界とは？

では、慶應出身によって業績に影響があ

るか否か。

上場約3300社を対象に、売上高や時価総額をとり、業種別に慶應出身の社長か否かで調べみた。すると、銀行と農林漁業、その他金融、製薬、精密機器、小売業、サービス業の7業種においては、社長が慶應ということが時価総額に寄与するという関係が認められた（83ページ表参照）。

もちろん、諸々反論のご意見はあるとは思うが、上記の業種において慶應OBの活躍が著しいと捉えてもらえれば、あながち否定もできないのではないだろうか。

金融業界は慶應社長が活躍

時価総額に慶應社長が寄与する業種

係数（単位:百万円）と業種名	売上高（対数）係数-a1	慶應社長係数-a2	切片-b
銀行	3.06	1.23	0.29
農林漁業	2.42	7.86	1.05
その他金融	2.11	3.75	19.6
製薬	1.72	0.4	495
精密	1.78	0.43	98.9
小売り	2.54	0.76	0.86
サービス	2.04	1.78	14.1

＊上場企業業3300社を対象にし、2016年4月28日時点の時価総額とデータのとれた直近売上高を基に回帰分析を実施。
P値0.2以下の業種を抽出した。「時価総額＝a1×売上高（対数）＋a2×社長有無（1か0）＋b」のモデル。

本誌編集部作成

慶應vs早稲田 地域経済力はどちらが上？

都道府県別 社長数・売上高・経営効率 ―3番勝負―

地域経済への影響力は、慶應義塾大学と早稲田大学のどちらが大きいのか。本誌は東京商工リサーチのデータ提供を受けて、都道府県別に「各大学出身の社長数」とその社長が経営する企業の直近の「合計売上高」「従業員1人当たり売上高（経営効率）」の3指標を選出。都道府県ごとにより多くの指標が優れている方を「勝ち」とする3番勝負で比較した。すると、早慶対決は、慶應が32勝15敗で早稲田を下す結果となった。

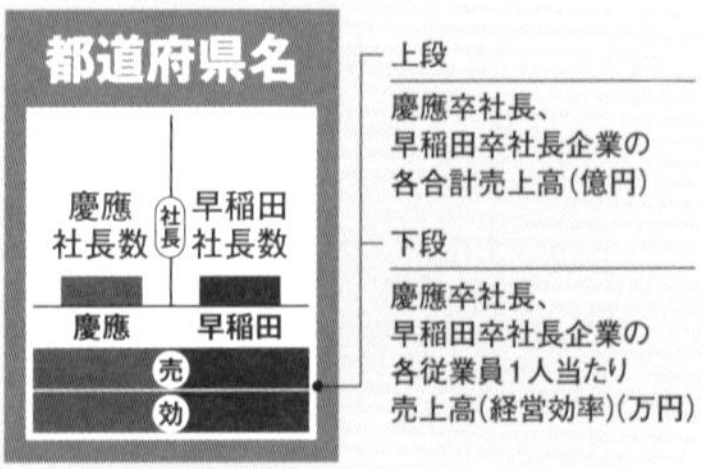

データについて

全国約300万社の企業データを保有する東京商工リサーチから、代表者が主要9大学出身の個別企業業績の提供を受けた。2014年3月期以降の売上高などの決算数値があり、かつ決算期変更をしていない企業約5万社を抽出。売上高や従業員数等も踏まえて分析した。業種は日本標準産業分類に基づく。地域三田会会員数は、各種取材によるもの

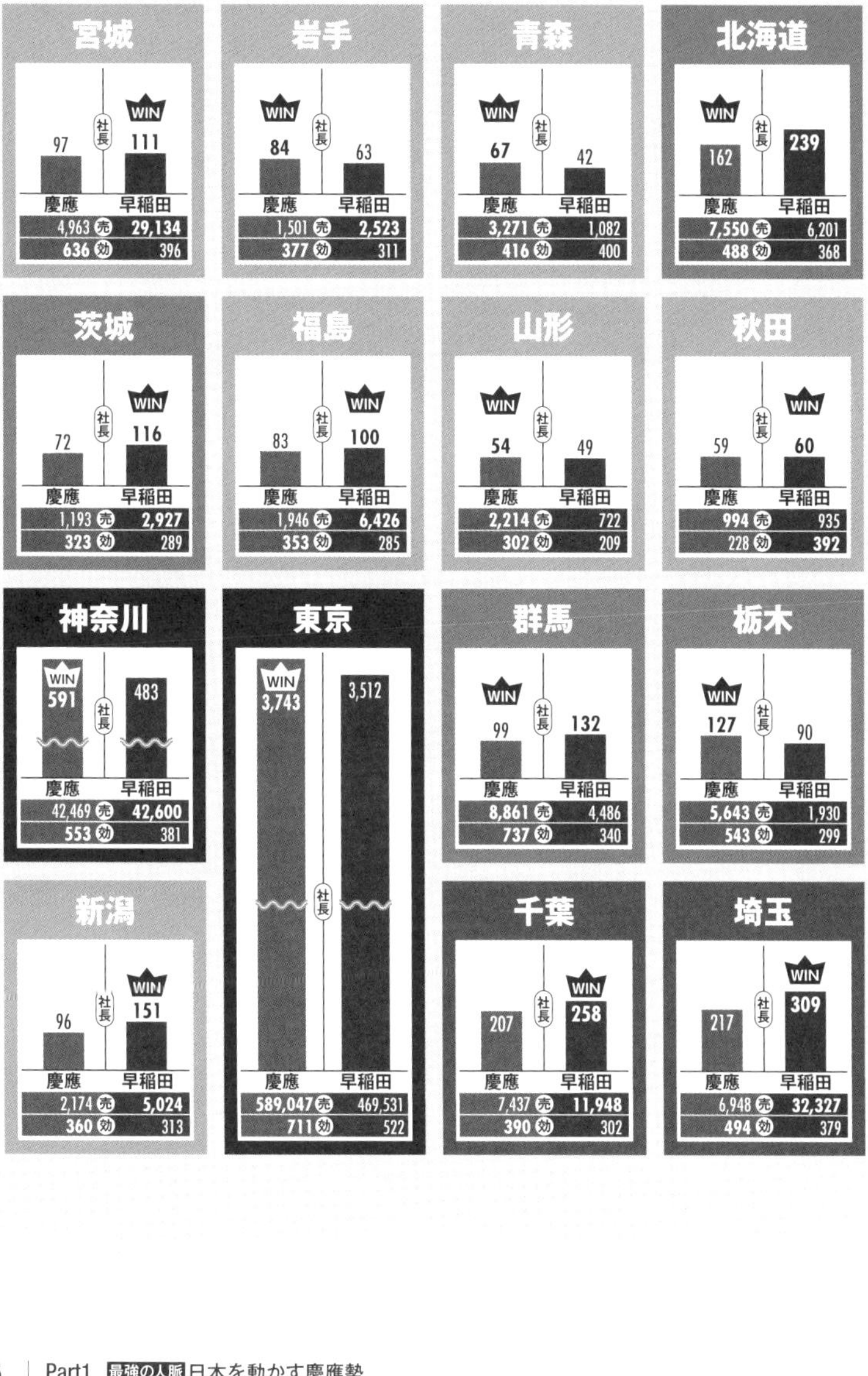
宮城
WIN
社長
97
111
慶應
早稲田
4,963 売 29,134
636 効 396
岩手
WIN
84
63
1,501 売 2,523
377 効 311
青森
WIN
67
42
3,271 売 1,082
416 効 400
北海道
WIN
162
239
7,550 売 6,201
488 効 368
茨城
WIN
72
116
1,193 売 2,927
323 効 289
福島
WIN
83
100
1,946 売 6,426
353 効 285
山形
WIN
54
49
2,214 売 722
302 効 209
秋田
WIN
59
60
994 売 935
228 効 392
神奈川
WIN
591
483
42,469 売 42,600
553 効 381
東京
WIN
3,743
3,512
589,047 売 469,531
711 効 522
群馬
WIN
99
132
8,861 売 4,486
737 効 340
栃木
WIN
127
90
5,643 売 1,930
543 効 299
新潟
WIN
96
151
2,174 売 5,024
360 効 313
千葉
WIN
207
258
7,437 売 11,948
390 効 302
埼玉
WIN
217
309
6,948 売 32,327
494 効 379

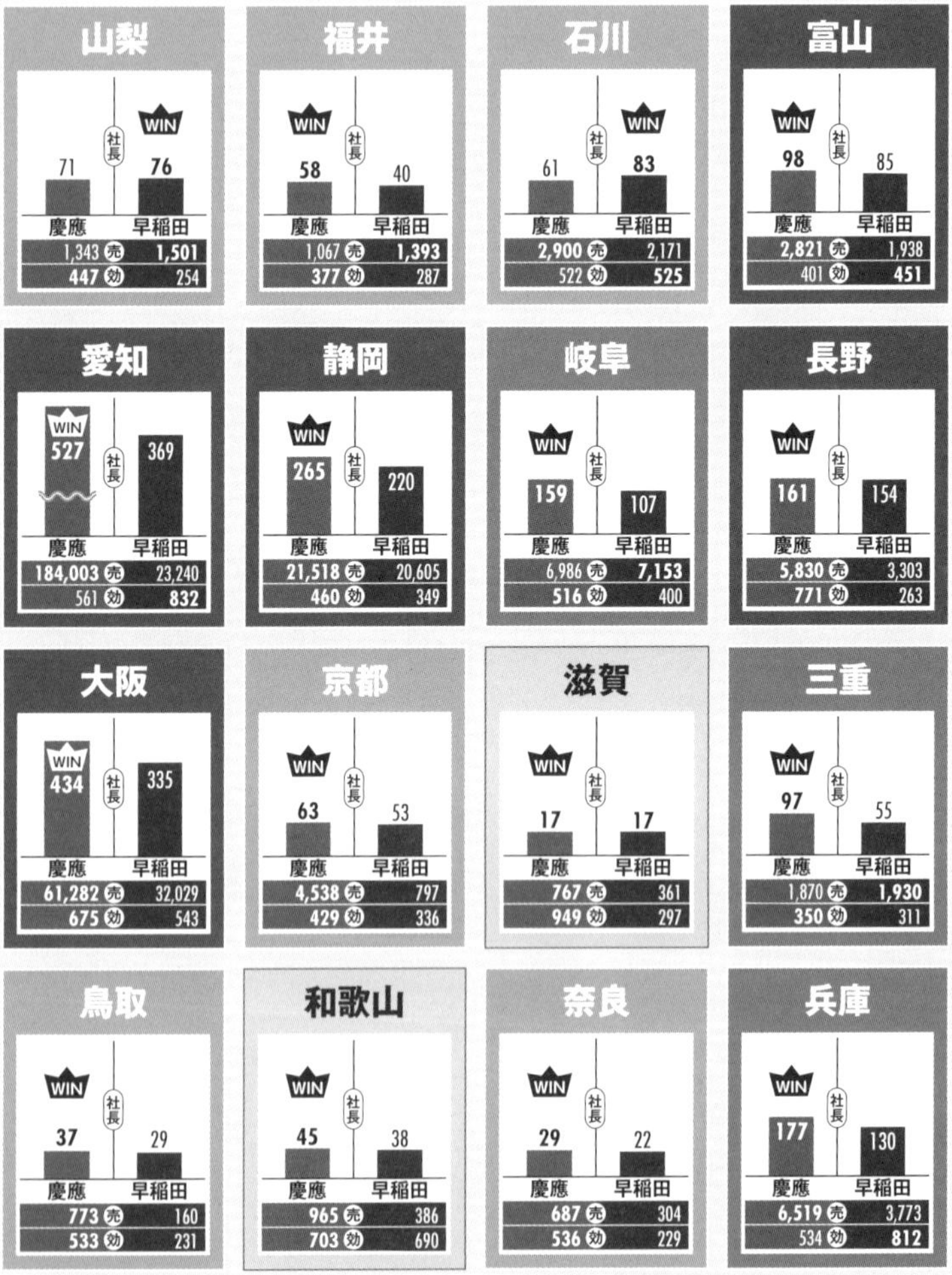
山梨
WIN
社長
71
76
慶應
早稲田
1,343 売 1,501
447 効 254
福井
WIN
社長
58
40
慶應
早稲田
1,067 売 1,393
377 効 287
石川
WIN
社長
61
83
慶應
早稲田
2,900 売 2,171
522 効 525
富山
WIN
社長
98
85
慶應
早稲田
2,821 売 1,938
401 効 451
愛知
WIN
527
社長
369
慶應
早稲田
184,003 売 23,240
561 効 832
静岡
WIN
265
社長
220
慶應
早稲田
21,518 売 20,605
460 効 349
岐阜
WIN
159
社長
107
慶應
早稲田
6,986 売 7,153
516 効 400
長野
WIN
161
社長
154
慶應
早稲田
5,830 売 3,303
771 効 263
大阪
WIN
434
社長
335
慶應
早稲田
61,282 売 32,029
675 効 543
京都
WIN
社長
63
53
慶應
早稲田
4,538 売 797
429 効 336
滋賀
WIN
社長
17
17
慶應
早稲田
767 売 361
949 効 297
三重
WIN
社長
97
55
慶應
早稲田
1,870 売 1,930
350 効 311
鳥取
WIN
社長
37
29
慶應
早稲田
773 売 160
533 効 231
和歌山
WIN
社長
45
38
慶應
早稲田
965 売 386
703 効 690
奈良
WIN
社長
29
22
慶應
早稲田
687 売 304
536 効 229
兵庫
WIN
社長
177
130
慶應
早稲田
6,519 売 3,773
534 効 812

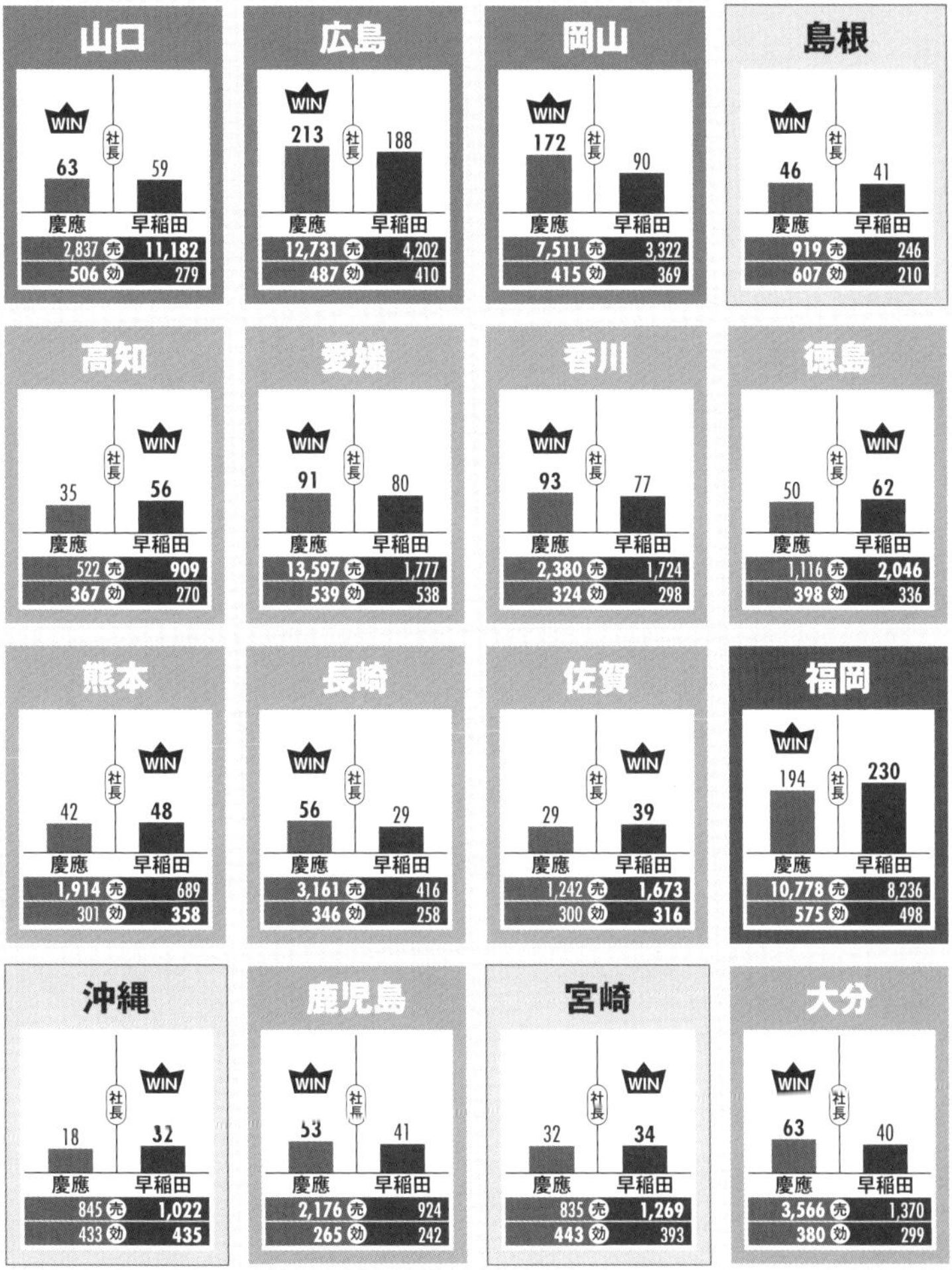
山口
WIN
社長
63
59
慶應
早稲田
2,837 売 11,182
506 効 279
広島
WIN
社長
213
188
慶應
早稲田
12,731 売 4,202
487 効 410
岡山
WIN
社長
172
90
慶應
早稲田
7,511 売 3,322
415 効 369
島根
WIN
社長
46
41
慶應
早稲田
919 売 246
607 効 210
高知
WIN
社長
35
56
慶應
早稲田
522 売 909
367 効 270
愛媛
WIN
社長
91
80
慶應
早稲田
13,597 売 1,777
539 効 538
香川
WIN
社長
93
77
慶應
早稲田
2,380 売 1,724
324 効 298
徳島
WIN
社長
50
62
慶應
早稲田
1,116 売 2,046
398 効 336
熊本
WIN
社長
42
48
慶應
早稲田
1,914 売 689
301 効 358
長崎
WIN
社長
56
29
慶應
早稲田
3,161 売 416
346 効 258
佐賀
WIN
社長
29
39
慶應
早稲田
1,242 売 1,673
300 効 316
福岡
WIN
社長
194
230
慶應
早稲田
10,778 売 8,236
575 効 498
沖縄
WIN
社長
18
32
慶應
早稲田
845 売 1,022
433 効 435
鹿児島
WIN
社長
53
41
慶應
早稲田
2,176 売 924
265 効 242
宮崎
WIN
社長
32
34
慶應
早稲田
835 売 1,269
443 効 393
大分
WIN
社長
63
40
慶應
早稲田
3,566 売 1,370
380 効 299

PIXTA

Part 2 最強の社員 出世する慶應卒

「学閥の王者」である慶應義塾。
慶應勢はどれほど強いのか。なぜ強いのか。
大企業で他の大学に勝る慶應閥の実態、
慶應卒ビジネスマンが出世する理由を明かそう。

総合商社で東大に勝る慶應閥
メガバンクでも早稲田を圧倒

「どうして三田会があるのに、稲門会はないんですか。早稲田もつくりましょう」

大手総合商社、丸紅に勤めている早稲田大学ＯＢの社員は、あるとき大学後輩の新入社員にこう詰め寄られた。ＯＢは「何が悲しくてつるまないといけないのか。今の早大生はわれわれの世代と考えが違う」と嘆く。

しかし、この新入社員の気持ちも分からなくはない。

丸紅社内の慶應義塾大学ＯＢ組織である丸紅三田会には５２０人の慶應卒社員が所属。慶應卒の新入社員が入社すると、歓迎会を開くのが恒例だ。

歓迎会には同会の会長を務める副社長の秋吉満をはじめ、慶應卒の役員らが軒並み出席する。新入社員にとっては、普段関わる機会の少ない経営陣と面識を持てる場となる。一方、慶應卒以外の若手は当然、この場に入れない。彼らが「慶應卒というだけで無条件に特権が与えられる」と不満を抱くのも無理はない。

20年間で丸紅が3倍増

役員に占める慶應出身の比率

	1995年	2015年
丸紅	11%	32%
三菱商事	23%	27%
三井物産	24%	25%
住友商事	12%	19%
伊藤忠商事	9%	14%

＊社外・監査役を除く

仮に慶應閥が会社の傍流であれば、若手にとって歓迎会に出席するメリットは大きくないのかもしれない。しかし今の丸紅を見れば、慶應卒ということが出世の階段を上る暗黙の条件にすら見える。

勝俣宣夫（2016年時点で相談役）が03年に社長に就任して以降、朝田照男（16年時点で会長）、國分文也（16年時点で社長）と、慶應卒の社長が3代続く。役員に占める慶應出身者の比率も総合商社で最も高く、近年は3割超に達している（91、92ページ表参照）。

だが、1995年当時を見ると、役員の慶應比率はむしろ低かった。勝俣が社長に就任したころから慶應閥が急速に増え始めたのだ。ある社員は「部長以上の人事は社

丸紅が3代続けて輩出

慶應出身の歴代社長

丸紅	3人	勝俣宣夫（2003〜08年）
		朝田照男（08〜13年）
		國分文也（13年〜）
三菱商事	1人	三村庸平（1980〜86年）
住友商事	1人	岡 素之（01〜07年）
三井物産	0人	
伊藤忠商事	0人	

＊（　）は社長就任期間

出所：有価証券報告書など

長が決める。部長は営業部隊の責任者という重要ポストだから、トップとすれば自分の息の掛かった人間を配置したい。だから丸紅三田会で面識のある部下を指名しがちになる」と明かす。

丸紅のような職域三田会は他の総合商社にも３００〜１０００人規模であり、定期的に会合を開催しているようだ。その目には見えない絆の強さから、「秘密結社フリーメイソンに匹敵するサークル」（国立大学出身の商社中堅社員）と呼ぶ声もある。

七大商社全体で見た慶應出身の役員総数が12年度以降、東京大学出身を抑えてトップを維持している裏には、慶應卒同士で結び付いた強固な社内人脈があるのだ（94ページ図参照）。

三菱商事も三井物産も役員2割超は慶應

旧財閥時代から慶應との関係が深かった三菱商事と三井物産も、慶應卒役員の比率は2割強を維持しており、安定して人材を輩出していることが分かる（91ページ表参照）。

ただ、歴代トップを見ると、直近では三菱商事が小島順彦（16年時点で相談役、東大工学部卒）、小林健（16年時点で会長、東大法学部卒）、垣内威彦（16年時点で社長、京都大学経済学部卒）、三井物産が槍田松瑩（16年時点で相談役、東大工卒）、飯島彰己（16年時点で会長、横浜国立大学経営学部卒）、安永竜夫（16年時点で社長、東大工卒）といった具合に国立系が強い。

過去をさかのぼっても、慶應卒で社長に就任したのは、三菱商事第5代社長の故・三村庸平のみだ（92ページ表参照）。

就職人気の高い両社では、慶應の中でもエリートとされ、人脈も広い体育会系出身者が数多く勤務するが、それでもトップに上り詰めるのは難しいようだ。

では、関西にルーツを持つ伊藤忠商事と住友商事はどうか。いずれも役員に占める慶應出身者の比率はそれほど高くなく、慶應の優位性は認められない。

そんな中で異色なのは、特に関西の国立系が強いとされる住友商事で、01年に社長に就任

東大を抜いて慶應が最多

七大商社役員のOB総数

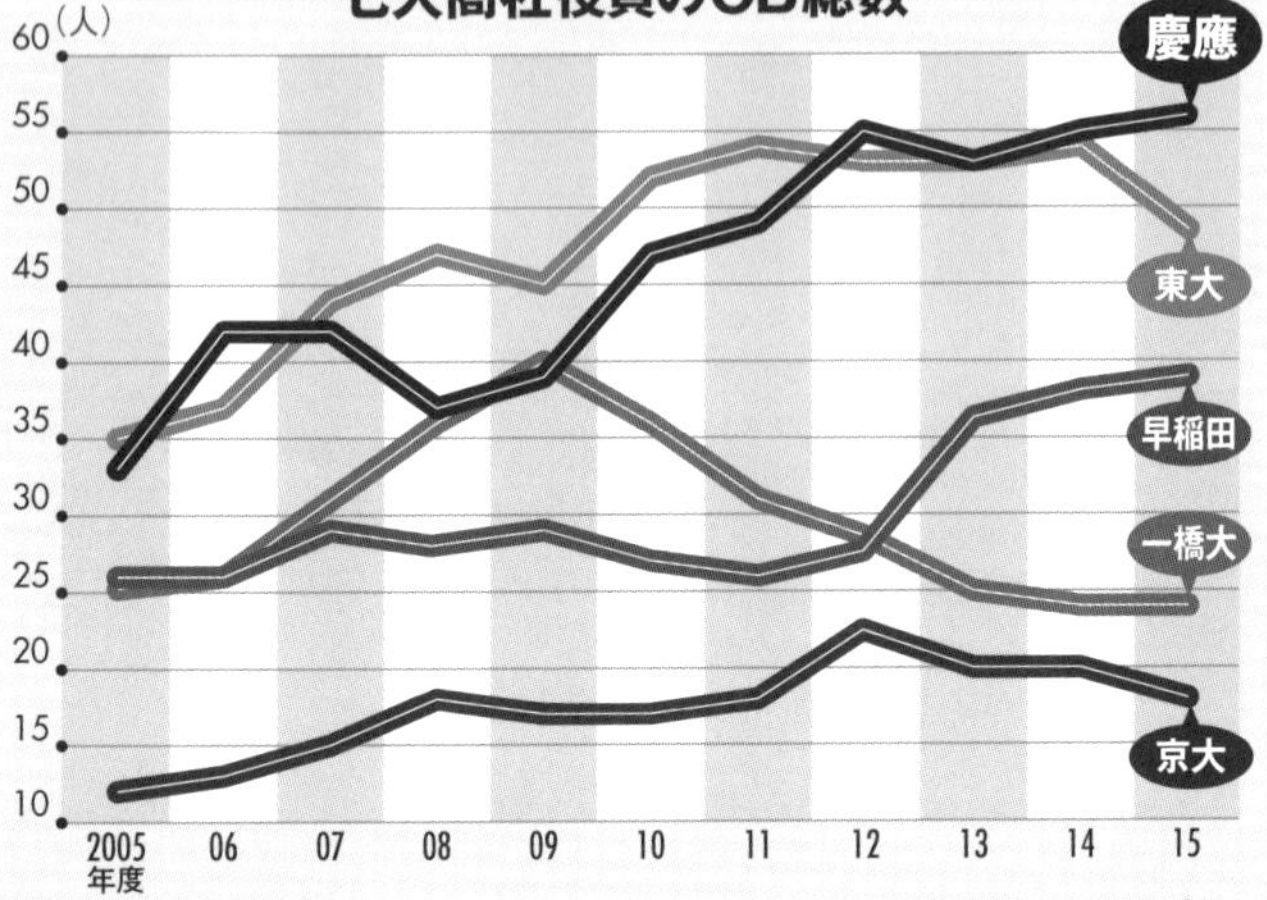

＊社外・監査役を除く。各年度8月1日時点　出所：ブレーンズ

した岡素之（16年時点で相談役）だ。

「慶應出身の岡さんが社長になれたのは、保守本流の鉄鋼畑を歩んだ実績だけでなく、別の理由がある」と住友商事のOBは言う。

このOBによると、岡は70年代に慶應卒で初の組合委員長に就いた。組合時代に岡が取り組んだのが、労使協調路線の確立だ。後任も慶應出身者が2代にわたってしっかり引き継ぎ、岡路線を継承した。この功績が経営陣に評価され、後年の社長レースで有利に働いたのだという。

だとすれば、組織中枢に入り込む慶應の権力掌握術は生半可なものではない。今や商社業界において最大学閥となった慶應が、経営中枢で今後も増殖を続けると予感せずにはいられない。

東大閥が強いメガバンクで第2勢力を形成

一方、メガバンクにおける最大学閥は何といっても東大だ。銀行組織の頂点である頭取のポストは、基本的には東大卒業生の金城湯池。3メガバンクの現頭取3人は全員、東大経済学部の出身だ。副頭取以下の役員全体のポストにまで視野を広げても、東大出身者が最も幅を利かせている。

ただ、その中で慶應は東大に次ぐ強さを誇っている。京大や一橋大学といった名門国立大学、そして、慶應と並び称される早稲田などを抑え込み、第2勢力を形成しているのだ。

96ページの図を見てほしい。国内最大手である三菱東京UFJ銀行の役員における、慶應卒と早稲田卒の構成比を示したものだ。

慶應卒は副頭取4枠のうち1人、専務8枠のうち3人を占める。その下である常務23枠では3人と少ないが、執行役員51枠では、なんと14人も占めている。対して早稲田卒は、常務枠にこそ5人いて慶應よりも多いが、それ以外では執行役員にわずか1人がいるだけ。

役員全体で見ると、東大卒が最多の23人で、慶應卒は21人と肉薄。次いで、京大卒が10人で3位、早稲田6人で4位という状況だ。

三菱東京UFJ銀行関係者も、「新入行員の出身大学の構成比から考えても、確かに役員

国内最大銀行の出世争いで早稲田を圧倒

三菱東京UFJ銀行の役員に占める早慶出身者数

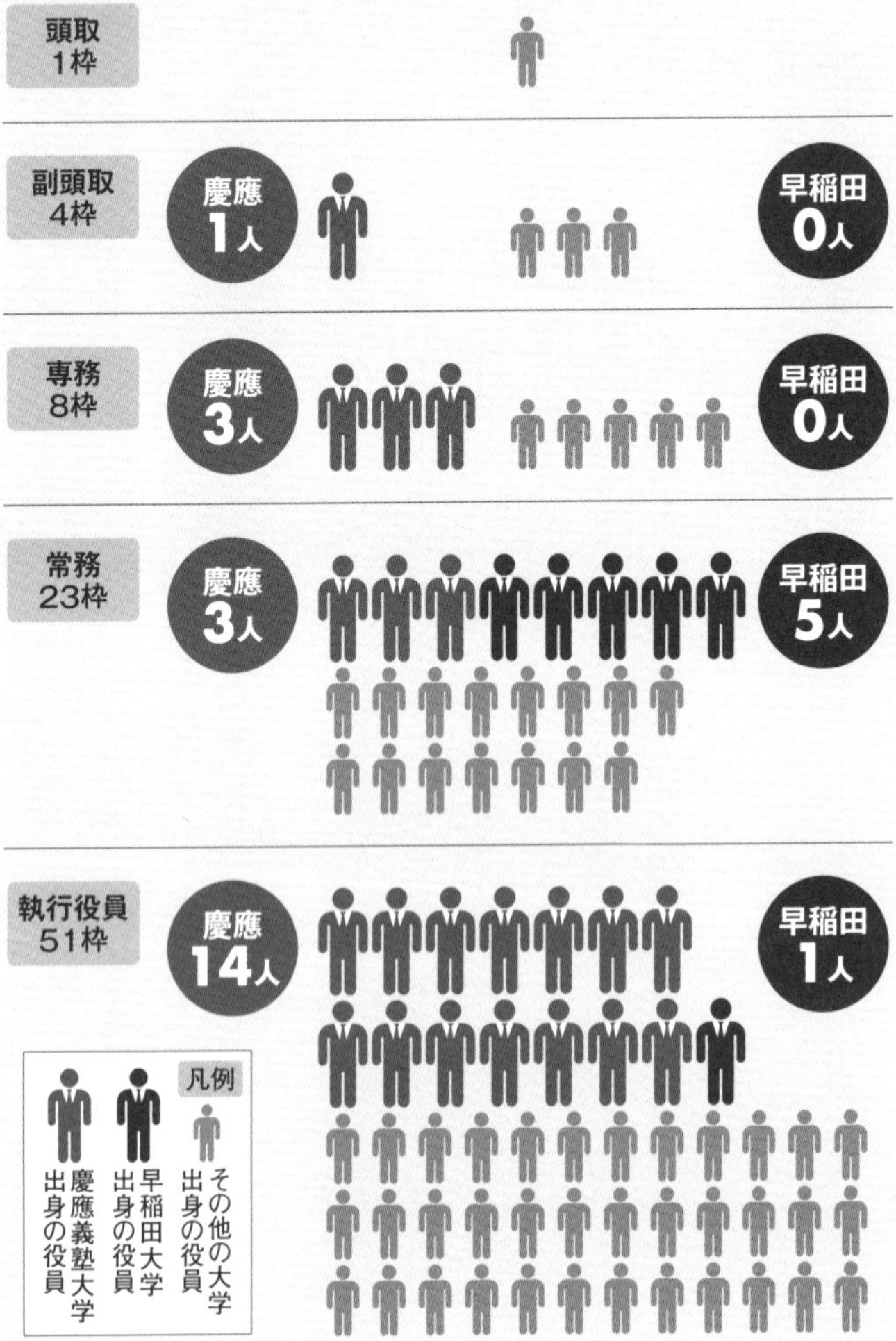

＊2016年4月時点

に上がる慶應卒の数は多い」と認める。

この結果には、歴史的経緯も関係していよう。慶應を創立した福澤諭吉と、三菱財閥の創始者である岩崎弥太郎はかねて親交が深く、弥太郎は多くの慶應卒業生を三菱グループに雇い入れた歴史がある。

旧三菱銀行の流れをくむ三菱東京UFJ銀行において、慶應出身者が学閥を形成するのは自然な流れといえる。

それは三井住友銀行にも当てはまる。明治期、前身の一つである旧三井銀行を再建するために改革の先頭に立ったのが、福澤のおいで、慶應出身者でもある中上川彦次郎だった。中上川は慶應出身者を積極的に登用し、銀行の改革を進めた。

こうした縁を持つ三井住友銀行において、慶應は東大に次ぐ第2勢力だ。慶應卒の役員は旧三井銀行が6人と最も輩出している。

3メガバンク最後の一角、みずほ銀行でも慶應色は光る。専務以上の経営上層部を東大卒と慶應卒で占めているのだ。

これは、みずほ銀行の前身である旧富士銀行、旧第一勧業銀行、旧日本興業銀行の3行が全て東京の銀行だったことも関係しているだろう。

三菱東京UFJ銀行は、東海・大阪地区が地盤だった旧東海銀行、旧三和銀行を取り込んだ。三井住友銀行の主流派である旧住友銀行は、大阪が本拠地だった。そのため、この2行は京大や大阪大学、名古屋大学などの出身者が役員に一定数含まれる。

一方、「東京の銀行」の集合体であるみずほ銀行の場合、地方名門大学の出身者は極端に少ない。このことと慶應の強さが相まって、経営上層部を東大卒と分け合うに至った。

商社の世界では東大をも凌いでみせた慶應閥だが、メガバンクでは圧倒的強者である東大閥に寄り添う。そして確実に好ポジションを獲得している。

スーパーサラリーマンを養成 学生時代から磨く社会人力

金融機関において、かつて「MOF担（対大蔵省折衝担当者）」といえば東京大学卒だった。官僚に東大卒が多いからだ。では、東京の企業で銀座や日本橋のエリア担当になりやすい出身大学はどこか。答えは明快。慶應義塾大学だ。

理由も明快で、銀座には慶應を卒業した老舗企業のオーナー経営者があまたいる。気の利いた人事担当者であれば、そうした経営者からは慶應卒社員の方が信頼を得られやすいと認識している。実際、あるメガバンクはこれらエリアに慶應卒の支店長や副支店長を配することが多い。

慶應卒の上場企業社長は多いが、非上場企業社長も多い。オーナー企業や老舗の一族が子弟を好んで慶應に通わせるからだ。銀座エリアに限らず、そうした取引先との付き合いにおいても、慶應卒はブランドを生かしやすい。

もちろん、慶應卒というだけで、結果を残せるほど世の中は甘くない。チャンスを物にする社会人力も慶應の強さなのである。

面接官の前で緊張した面持ちで志望動機を語る慶應生。彼が語るのは入社への熱い思い——ではない。入ゼミへの熱い思いである。慶應では大学3年生から所属するゼミをめぐり、熾烈な入ゼミ活動が繰り広げられる。ゼミに入れるのは、経済学部では学生の約7割に限られる。

試験内容はゼミによってさまざまだが、ゼミ生たちが面接官を務めることも多い。ゼミへの熱意を訴えることはもちろん、サークルの先輩などに頼んで有利に進めることも。まるで〝プレ就活〟だ。

看板学部である経済学部の名門ゼミとして有名なのは、かつては塾長の清家篤も所属した島田晴雄ゼミなどで、今は「中妻、藤田、土居」（慶應生）といわれる。これらの入ゼミ試験は高倍率だったり、厳しい試験を課すなど、ハードルは高い。

ある名門ゼミでは、教授の人脈で有名企業の現役幹部がやって来て実際の経営課題を紹介、その解決策をゼミ生がプレゼンテーションする。企業でインターンをするかのような内容だ。

名門ゼミはOBとの関係性を大切にすることが多く、「ゼミ生のゼミOB会出席は絶対事項。万難を排して出席せよとなっていた」と、財閥企業に勤めるOBは振り返る。私用で行けなくなると「おまえだけの問題じゃない。そういうことされると俺らにも後々まで不利に働くんだけど」と詰め寄られたという。

名門ゼミに所属し、すでに超大人気企業に就職が決まった4年生男子は、高倍率のゼミに入るために相当なる汗をかき、ゼミで鍛えられ、コネを使わず志望企業に内定した。彼に言わせれば「入ゼミ試験ごときで頑張れないやつが就活で頑張れるのか」。ゼミは企業社会の縮図なのである。

組織の動かし方は高校の課外活動でOBに学んだ

課外活動もしかり。中学校や高校から社会人力の養成機能を持つ。例えば、中学の部活のコーチもOBが務め、高校生もまた、社会人であるOBに交じって中学生の指導に参加する。高校時代からある課外活動のコーチを経験したOBは「高校生のときからすごい経験を積めた」と言う。同じコーチに一流企業の部長などもいて、物事の段取りや組織の動かし方、後輩の教育について相当厳しく教わった。「だから内部生は社会人になっても強い」。と同時に、先輩に甘えたり頼ったりするすべを身に付けて、付き合い方にも長けていく。

その上、三田会人脈は厚く、仕事に必要な情報収集はお手のもの。「どの企業でも、たどろうと思えば人をたどっていけるだろうなと思う」と言ってのける。与えてもらうばっかりでは人脈が切れることも承知し、頼まれれば手を貸すことを惜しまない。

そうした行動が、時に採用担当者や役員の目に止まる。あるＯＢは、三田会などで面識があった役員に「あそこに〇〇っていう元気のいいヤツがいるぞ」と口添えされ、プロジェクトチームに〝スカウト〟されたという。

他大学でもＯＢ会を組織し、三田会を研究して強化に励むところは多い。しかし、慶應はＯＢから学生に至るまで、他にない濃厚な関係を持つ。そしてそこで培われる社会人力と人脈が奏功し、スーパーサラリーマンを養成するのだ。

早稲田OB会は61万人

主要大学のOB組織

東京大学校友会	政官財の最大学閥となり得るが、中高のOB会を重視する者が多い。医学部の鉄門倶楽部は、慶應の三四会と並ぶ最強の医学部学閥
一橋大学如水会	経済界における一大勢力で結束力が強く、活動も活発。同窓会の一部は三商大(一橋大学、神戸大学、大阪市立大学)で交流している
早稲田大学校友会(稲門会)	会員数61万人。地域、職域、ゼミなど稲門会が約1380団体あり、勤務先の稲門会では東京ガスが1000人、東芝が2000人以上
上智大学ソフィア会	会員数13万人。外国語学部が看板学部。小規模で活発度は早慶に劣るが、特に英文学科同窓会など結束力が強い会も
明治大学校友会	会員数52万人。明治大学法曹会、駿台会計人倶楽部、明治大学公認会計士会、明治大学金融紫紺会などが有名。海外の校友会に伝統
青山学院校友会	2013年に創設120周年を迎え、会員数34万人。幼稚園から大学院までの卒業生を全てまとめた組織で「オール青山」とも呼ばれる
立教大学校友会	会員数17万人。大人数よりアットホームを好む。観光業界で一大学閥を形成。立教経済人クラブは産業経済界関係者や経営者などで構成
中央大学員会(白門会)	中央大学法曹会や財界人による南甲倶楽部が有力。弁護士、公認会計士など難関資格の職域では、MARCHの中で最大学閥とも
法政大学校友会	上場企業役員による法政財界人倶楽部、建設・不動産橙法会、法政会計人会などが活発。卒業生数は多いが活動は目立たない
関西大学校友会	会員数43万人。法学部が看板学部で、関大法曹会は680人の会員。関西地区を中心に支部の校友会が比較的活発
関西学院同窓会	会員数23万人。経済、商学部は創設104年と、日本有数の歴史と伝統。慶應に似た校風で、経済界を中心に同窓会を組織
同志社大校友会	会員数33万人。樹徳会、同経会、政法会など創設60年以上が多数。新島襄による同志社創設時、大隈重信が支援し、稲門会と交流も
立命館大学校友会	会員数33万人。法学部、国際関係学部が看板学部であり、国際関係学部の同窓会が活発。ゼミ単位で結束力が強い

Interview 3

入ゼミ試験で企業社会を知る

1970年院経済学博士課程修了
島田晴雄
千葉商科大学学長、慶應義塾大学名誉教授

慶應義塾で育った人たちは「半学半教」といって、自分が一日早く学んだものは仲間に教える。教授だって兄貴にすぎない。私は学生を尊敬しているし、関係は対等だ。だから入ゼミ試験の面接はゼミ生に任せた。

そのときには「君たちが面接して後輩に点数を付けることで、彼らの人生を変えちゃう可能性がある。その重さを分かっておくように」と言ってやった。

企業の入社試験と同じで、落とせば涙を流させる。それに耐え、責任を感じながら真剣に徹底的に議論して選考する。社会に出て仕事をするときにも、こうやって選び、選ばれていくんだと、彼らは身をもって経験した。

私のゼミでは、20人くらいのゼミ生が国際政治、経済、マネジメントなど担当分野を四〜五つに分けて研究し、それでディベートした。狭い専門分野を自分だけで研究したところで、世の中は半端にしか分からない。手分けしてそれぞれの分野に耳を傾けた方が、全体図が見えるってもので、ゼミの中で小さなコスモス（宇宙）が形成された。それとね、海外のトップ大学の学生と盛んに交流し、国際感覚とディベートを鍛えた。まさにディベートゼミだったね。

ゼミを持って最初の10年くらいは、ゼミ生の就職希望先に丁寧に詳細に推薦状を書いた。でもね、そのうち推薦状がなくてもバンバンいいところに決まっていくようになった。私の知らないところで、ＯＢたちが後輩たちを選んでくれたんだね。

ゼミ卒業生は約６００人で、何十人も社長になった。ゼミ仲間たちは今日に至るまで付き合っている。これって、すごい人脈だよね。（談）

M.U.

14業種の新卒出身校比較

主要企業別の採用者における出身大学の比率トップ10

慶應生は有名企業にどれほど就職しているのか。
大学通信のデータからその実態を
主要22大学比較で上位10大学ずつ示した。

※サントリーグループは、サントリー食品インターナショナルとサントリーホールディングスの合算
＊2013～15年分の3カ年主要22大学別採用比率をトップ10ごとに示した。FGはフィナンシャルグループの略。大学通信の「有名400社就職データ」を基に本誌編集部作成

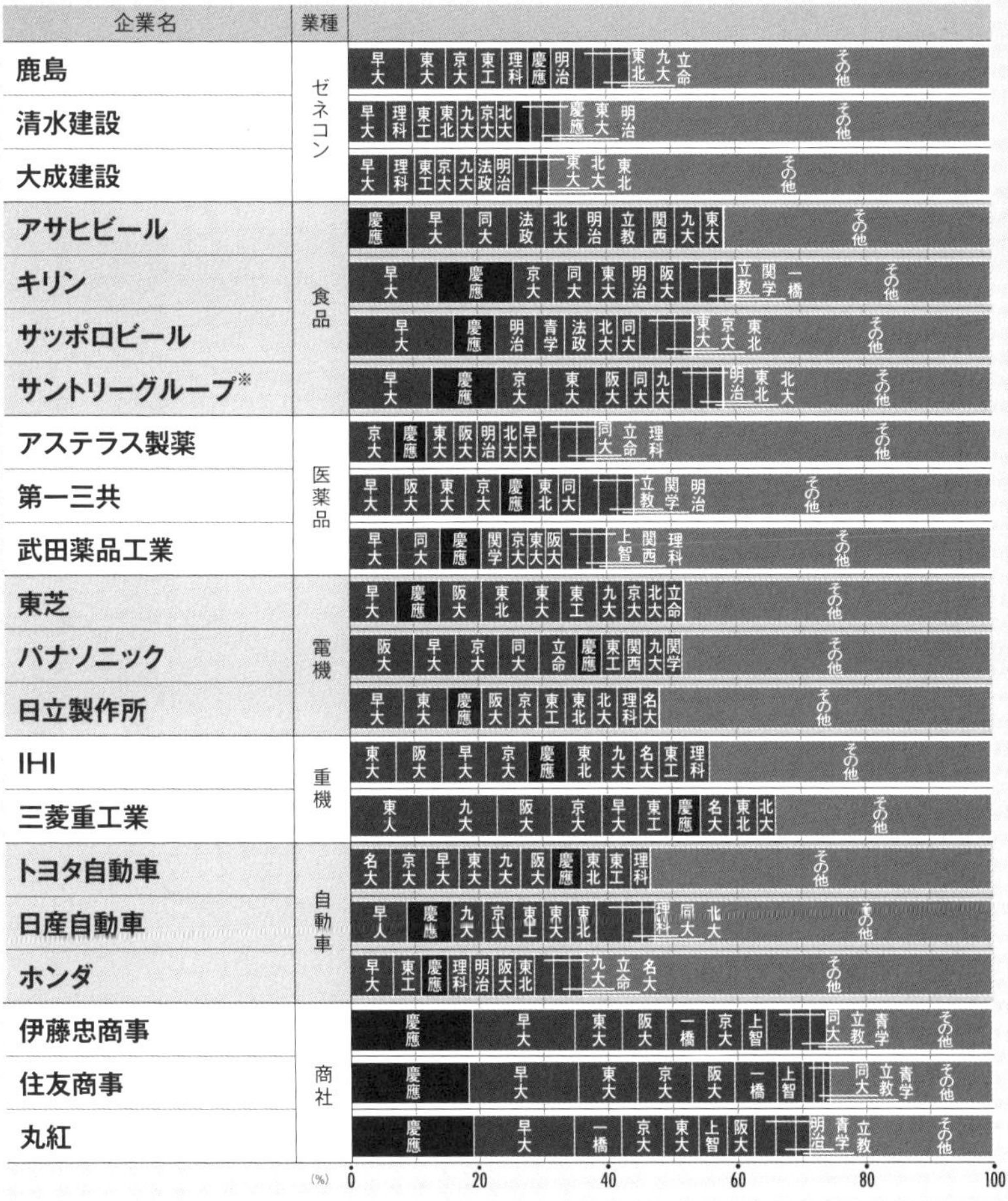

海外転勤先にも現地三田会ゴルフ早慶戦で盛り上がる！

米国ワシントンD.C.で三田会と稲門会の二つの旗が掲げられたその日、現地駐在員たちが参加するゴルフ早慶戦が開催された。ワシントンD.C.三田会と、早稲田OB会である稲門会がゴルフコンペで大いに盛り上がったのだ。

「早稲田との勝負って血が騒ぐし、それで結束できるんですよね」と2015年まで駐在していた伊藤忠経済研究所所長の秋山勇。現地で三田会副会長を務め、会の活性化のために近年途絶えていたゴルフ早慶戦を復活させた。そもそもゴルフ早慶戦は海外駐在員の〝大好物〟。世界各地のOB会で開催され、本格的に予選大会まで行うところもある。

海外の三田会は、日本国内以上に稲門会と仲がいい。異国に住む者同士であり、海外で稲門会が活発ということもあるのだろう。同じ米国東部にあるボストン三田会では16年4月、稲門会との合同懇親会が開催された。

このとき、互いにカルチャーギャップを感じる場面にも出くわした。慶應義塾卒は催しがあれば最後に慶應の応援歌「若き血」を歌うのが定番だが、稲門会にそんな文化はない。そこで合同懇親会では早稲田卒も巻き込んで「若き血」を熱唱したのだ。参加者の1人は「いろんな年代の人がいて、毎回かなり盛り上がる」と笑う。

ワシントンD.C.の秋山も「現地の三田会はよりリラックスできるコミュニティー」と言う。秋山は日本人による現地商工会の理事も務めたが、そちらは会社業務的。一方で三田会はプライベートで、2カ月に1回、決まったバーに自由に集まる。もちろん、そこでの情報交換や人脈が自然と仕事に生きてくることもある。

米国内の三田会で最大規模を誇るのは、ワシントンD.C.とボストンの間にあるニューヨーク三田会だ。会員数1428人で、設立は1899年と古い。

福澤諭吉が貿易為替を独占していた外国銀行に対抗すべく、横浜正金銀行（旧東京銀行の前身）の設立を推進したことから、多くの慶應の卒業生が世界金融の中心であるニューヨークに渡り、三田会をつくった。

日本人の海外移住が増え、企業の海外展開が進むにつれ、海外の地域三田会も広がっている。会員は現地在住者、駐在員、留学生などで、現在の海外三田会の数は69に及び、「まるで巨大なグローバル企業」（慶應OB）のような拠点数である（110～111ページ図参照）。

世界中に三田会あり

主な世界の三田会

会名	会員数(人)	国名
ニューヨーク三田会	1428	米国
ロサンゼルス三田会	170	米国
サンフランシスコ三田会	170	米国
ワシントンD.C.三田会	145	米国
シカゴ三田会	120	米国
ボストン三田会	100	米国
ヒューストン三田会	75	米国
ハワイ三田会	49	米国
サンディエゴ三田会	45	米国
バンクーバー三田会	35	カナダ
デトロイト三田会	34	米国
シアトル三田会	34	米国
トロント三田会	32	カナダ
メキシコ三田会	31	メキシコ
フロリダ三田会	21	米国
ダラス三田会	20	米国
グアム三田会	10	米国

会名	会員数(人)	国名
サンパウロ三田会	105	ブラジル
チリ三田会	36	チリ
ペルー三田会	19	ペルー
リオデジャネイロ三田会	11	ブラジル
アルゼンチン三田会	10	アルゼンチン
コロンビア三田会	10	コロンビア

会名	会員数(人)	国名
英国三田会	455	英国
フランス三田会	100	フランス
デュッセルドルフ三田会	80	ドイツ
モスクワ三田会	57	ロシア
オランダ三田会	50	オランダ
フランクフルト三田会	37	ドイツ
ベルギー三田会	25	ベルギー
ジュネーブ三田会	25	スイス
チューリッヒ三田会	18	スイス
ミラノ三田会	13	イタリア
ウィーン三田会	12	オーストリア

会名	会員数(人)	国・地域名
韓国三田会	800	韓国
上海三田会	540	中国
シンガポール三田会	386	シンガポール
台湾三田会	300	台湾
バンコク三田会	245	タイ
香港三田会	220	香港
北京三田会	150	中国
ジャカルタ三田会	150	インドネシア
クアラルンプール三田会	100	マレーシア
サイゴン三田会	100	ベトナム
インド三田会	76	インド
マニラ三田会	70	フィリピン
ソウル三田会	67	韓国
ヤンゴン三田会	60	ミャンマー
広州三田会	50	中国
大連三田会	30	中国
天津三田会	20	中国
チェンナイ三田会	19	インド
ダッカ三田会	10	バングラデシュ

会名	会員数(人)	国名
ドバイ三田会	54	アラブ首長国連邦
トルコ三田会	22	トルコ
カタール三田会	20	カタール
リヤド三田会	20	サウジアラビア
アブダビ三田会	17	アラブ首長国連邦

会名	会員数(人)	国名
エジプト三田会	56	エジプト
ヨハネスブルグ三田会	27	南アフリカ共和国

会名	会員数(人)	国名
シドニー三田会	80	オーストラリア
メルボルン三田会	46	オーストラリア
パース三田会	30	オーストラリア
クィーンズランド三田会	22	オーストラリア
ブリスベン三田会	22	オーストラリア

＊本誌編集部作成

【韓国】日本企業とのパイプを生かし就職支援

海外での三田会活動を通じて人生が大きく変わった人もいる。

ベストウエスタンプレミアソウルガーデンホテルで海外販促支配人を務める山口禮子は1990年に文学部を卒業し、韓国の延世大学に留学。顔を出したソウル三田会の場で、ベストウエスタングループ会長の李一揆に出会った。

その縁で96年に李の会社へ入社。今年で在韓25年目になる。「三田会があって、今の私がある。慶應には感謝しています」と山口は言う。

ソウルには、日本人が集うソウル三田会とは別に、留学して慶應で学んだ韓国人を中心とした韓国三田会がある。

その設立は1881年。当時の留学生たちが日本で結成し、韓国に戻ってからも定期的に集まったことが始まりだ。同会の名誉会長である李のほか、サムスン電子副会長の李在鎔、暁星グループ社長の趙顕俊など財界の大物も会員に名を連ねる。

設立から135年を経た韓国三田会では、就職に悩む韓国人の慶應卒業生の就職を支援する役目も担う。韓国では若者の就職率の低さが問題で、「一流大学を卒業しても、就職が厳しい」(ソウル三田会会員)。そこで、韓国三田会とソウル三田会が連携し、韓国ではなく日

海外で稲門会と仲良し

海外におけるOB会の関係

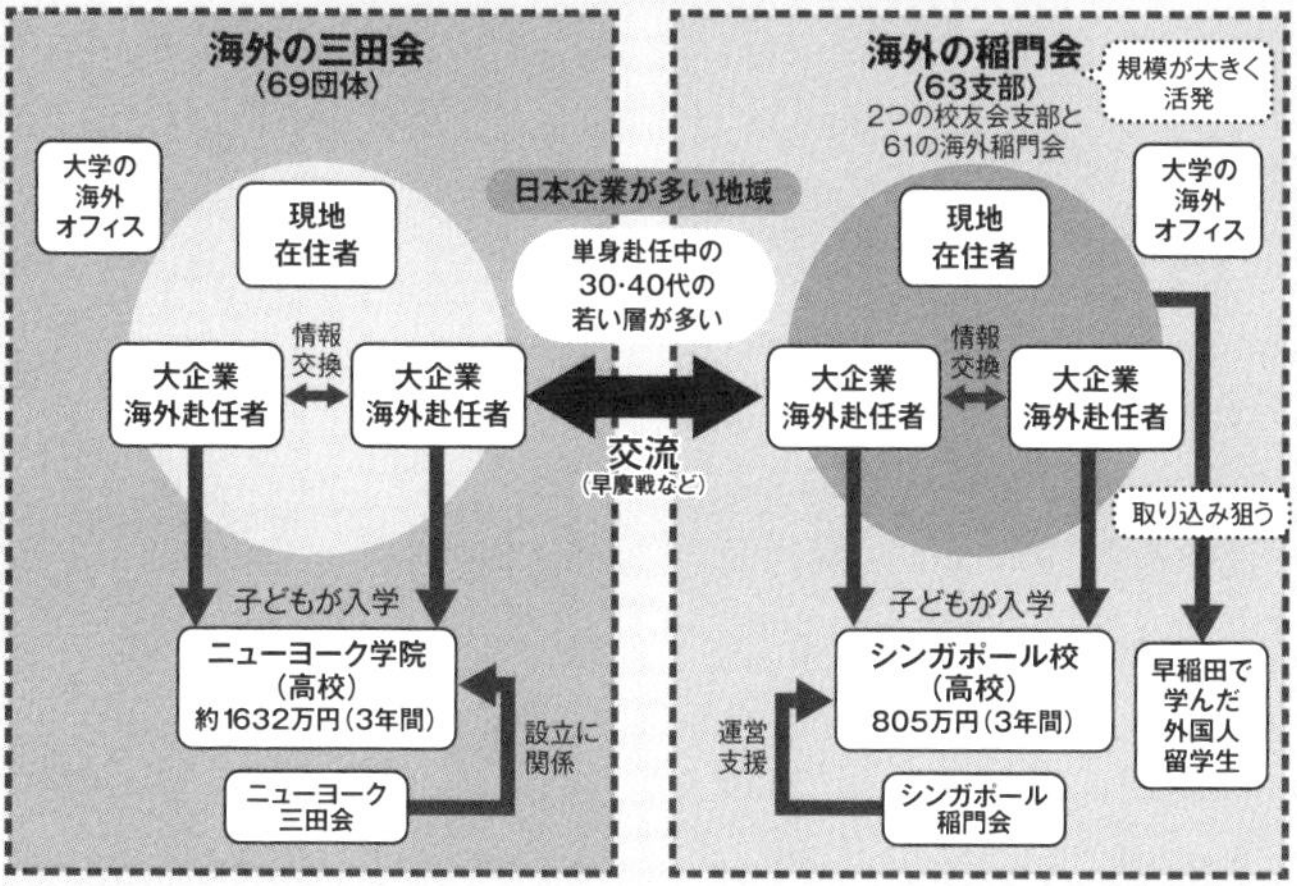

本での就職を支援するのだ。

「受験競争が激しい韓国には、優秀な若者が多く、慶應卒となると欲しがる日本企業もあります」と、就職支援に関わるソウル三田会塾友幹事の吉松文（09年総合政策学部卒）。この春から韓国三田会の若手会員の一人が日本企業で働き始めた。

現地情報の収集から時には就職支援まで。海外三田会は、現地の慶應関係者の生活を支える〝インフラ〟だ。国際交流の増加が見込まれる今後、その存在意義はますます大きくなる。

Interview 4

同窓の絆は国境を超える

1969年商学部卒
李 一揆
韓国三田会名誉会長

私の慶應との出会いは単なる偶然で、評議員を務める今、本当に不思議な縁を感じています。

延世大学で2年生を終えたころ、私は馬術選手として1964年の東京オリンピックに韓国代表として出場。初めて日本の地を踏みました。当時はまだ国交正常化（65年）の前ですから、オリンピックがなければ日本に行ってなかったでしょう。

そして、オリンピック直後、日本人の知人から慶應が留学生を募集すると聞き、試しに受験しました。すると結果は合格で、急きょ、留学することになったのです。

卒業後は韓国に帰国しましたが、10年ほど前に、前塾長の安西祐一郎さんの推薦を受けて、外国籍としては初めて評議員を務めさせていただいています。

長年の三田会活動を通じて感じるのは、「同窓のつながりは、歴史問題を超える」ということです。

日本と韓国は、従軍慰安婦や独島（竹島）など数々の問題を抱えていますが、それで会員同士の関係が冷え込むことはありません。

所属する日韓のOBが両国を行き来し、互いの文化についての理解が深いこともありますが、われわれが利害関係のないつながりだということが大きいと思います。

日韓関係が冷え込むときは、決まって政治や経済といった双方の思惑が絡み合っています。しかし、同窓で〝学友〟の集まりである三田会においては、われわれはどんなときでも共に学んだ仲間なのです。

これからは、会員の社交場としてだけでなく、韓国の三田会活動が、日韓問題改善の手助けになればうれしいですね。（談）

Hidekazu Izumi

Interview 5

例えるなら高校野球の伝統校

1958年法学部卒
茂木友三郎
キッコーマン名誉会長

――1973年に米国でしょうゆ工場の建設を先導、日本の食品企業による初の米国生産拠点となりました。茂木さんをはじめ、ビジネスの世界で活躍される慶應卒が多いのはなぜでしょう。

伝統だと思うんですよ。福澤諭吉先生の精神を受け、時代を自分たちで変えようという意欲、それもビジネスの世界を通して変えていく伝統がある。それを守って先輩たちがビジネスの世界で活躍した。先輩たちを見習い、われわれも一生懸命やった。それをさらに若い人たちが取り入れ、新しいことをしていく――。

スポーツでもそうでしょう?

高校野球には何十年にもわたって強い伝統校がある。生徒は3年間しか所属しないけど、先輩の強さが後輩に影響を与えていく。先輩がなしたのだから、われわれだってやろうとなる。脈々と続く歴史の重みがある。

――慶應卒業後に米コロンビア大学経営大学院に留学し、同校で日本人初の経営学修士（ＭＢＡ）を取得しました。

幼少期から世界地図に親しみ、大学時代にピーター・ドラッカーの『現代の経営』に感銘を受け、米国からやって来た教授に学んだ。留学を考えるきっかけはいろいろありましたが、根底では慶應で培われたグローバルな雰囲気が影響したと思います。戦後10年余りでも雰囲気があった。慶應をつくられた福澤先生は、海外に渡った方でしたから。

――コロンビア大に入学した１９

Kazutoshi Sumitomo

もぎ・ゆうざぶろう／1935年、千葉県出身。95年キッコーマン社長CEO、2004年会長CEO。11年より名誉会長。日本生産性本部会長。

50年代末、ニューヨークにはすでに三田会がありました。

駐在員らが集うNY三田会ですね。このときNYには慶應からの留学生が20～30人いて、NY三田会とは別に留学生でも三田会をつくりました。普段は米国人たちと過ごしていますから、たまに三田会で集まればここぞとばかりに日本語を目いっぱいしゃべって楽しみました。

まあ、留学中はとにかく勉強漬けでしたけど。日本人でMBAを取った人がいなかったから、加減が分からなくて。私の後は慶應生を含め、取る人が増えましたよ。多少のアドバイスはしたかな。

――慶應の人は結束力も強い。

同窓会の組織がうまくできているんでしょうね。ピラミッド的に系統立っていると思われるかもしれませんが、全体をまとめる連合三田会があるだけで、そんなに統率を取っているわけではない。

卒業年次による年度三田会、地域三田会、職場三田会、ゼミ三田会などいろんなものがあちこちにあり、自由で独立している。でもね、年に1回開催される連合三田会の大会では、10年ごとに年度三田会の幹事が回ってきて大勢が協力し合う。そこで仲良くなる。

もう一つの要素は何といっても早慶戦。慶應では慶早戦と言っているんだけどね。ことに野球。みんな熱狂し、野球場の応援席で肩を組んで応援歌を歌う。これが団結力を醸成する。

私は在学中の4年間、野球の早慶戦を全試合見ましたもの（笑）。

日本の経済界トップに立つ 慶應出身 上場355社「社長」全リスト

新：2016年5月時点で今後就任予定の新社長

社長名	企業名	業種	卒業年	卒業学部
北島義俊	大日本印刷	その他製品	1958	経済
坂本精志	ホシザキ電機	機械	1959	工
八幡欣也	サンテック	建設	1961	経済
小澤二郎	かどや製油	食料品	1963	経済
山田吉隆	川口化学工業	化学	1963	工
藤田博章	フジタコーポレーション	小売業	1964	法
西谷 賢	かわでん	電気機器	1964	文
敦井榮一	北陸ガス	電気・ガス	1965	商
藍澤基彌	藍澤證券	証券・商品先物	1965	経済
眞鍋雅昭	ほくやく・竹山HD	卸売業	1965	経済
竹内敏晃	日本電波工業	電気機器	1965	工
近藤隆彦	長谷川香料	化学	1966	法
上原 明	大正製薬HD	医薬品	1966	経済
錢高一善 ※	錢高組	建設	1966	経済
児玉正蔵	小島鐵工所	機械	1967	法
岡谷篤一	岡谷鋼機	卸売業	1967	経済
岡野光喜	スルガ銀行	銀行	1967	経済
今村九治	今村証券	証券・商品先物	1967	経済
大谷信義	歌舞伎座	サービス	1968	法
中橋正敏	日和産業	食料品	1968	法
内田和也	明治海運	海運	1968	経済
石井宏治	石井鐵工所	機械	1968	院工
岸野禎則	東和フードサービス	小売業	1969	法
佐藤悦郎	ユアサ商事	卸売業	1969	法
手島達也	東邦亜鉛	非鉄金属	1969	商
氏家照彦	七十七銀行	銀行	1969	経済
酒井信也	日産東京販売HD	小売業	1969	経済

※2016年6月社長退任予定（16年5月時点）

社長名	企業名	業種	卒業年	卒業学部
松尾正彦	明治HD	食料品	1969	経済
川村邦生	クリムゾン	卸売業	1969	経済
河合弘隆	河合楽器製作所	その他製品	1970	法
井上 寛	日本精蠟	石油・石炭製品	1970	法
三澤憲一	神奈川中央交通	陸運	1970	法
小川信也	太平洋工業	輸送用機器	1970	法
土屋 嶢	大垣共立銀行	銀行	1970	法
嘉納裕躬	ティラド	輸送用機器	1970	商
許斐信男	アーバンライフ	不動産	1970	商
北村清士	東邦銀行	銀行	1970	商
鶴 正登	NOK	輸送用機器	1970	経済
水谷 建	生化学工業	医薬品	1970	経済
塩澤太朗	養命酒製造	食料品	1971	法
吉江源之	木曽路	小売業	1971	法
後藤正三	伊勢湾海運	倉庫・運輸	1971	法
大野直竹	大和ハウス工業	建設	1971	法
飯島秀幸	アクモス	情報・通信	1971	法
安藤宏基	日清食品HD	食料品	1971	商
島野容三	シマノ	輸送用機器	1971	商
近藤龍夫	日本精線	鉄鋼	1971	経済
佐藤充孝	共立メンテナンス	サービス	1971	経済
佐藤清一郎	筑邦銀行	銀行	1971	経済
神野晴年	ハウス オブ ローゼ	小売業	1971	経済
清水一郷	ワットマン	小売業	1971	経済
金本寛中	カナモト	サービス	1971	工
木村 準	日本抵抗器製作所	電気機器	1971	工
高橋秀実	東京コスモス電機	電気機器	1972	法
林 英一	相鉄HD	陸運	1972	法
宮﨑俊郎	三井海洋開発	機械	1972	商
玉村和己	ニッパツ	金属製品	1972	商

社長名	企業名	業種	卒業年	卒業学部
高倉 茂	価値開発	サービス	1972	商
長坂 一	東海カーボン	ガラス・土石製品	1972	商
鶴 鉄二	イーグル工業	機械	1972	経済
遠山榮一	日本ドライケミカル	機械	1972	経済
横田 格	富山第一銀行	銀行	1972	経済
横田 修	小池酸素工業	機械	1972	経済
嘉納修治	フジ・メディア・HD	情報・通信	1972	経済
西川正洋	西川ゴム工業	ゴム製品	1972	経済
倉本博光	郵船ロジスティクス	倉庫・運輸	1972	経済
中村吉伸	セイコーHD	精密機器	1972	工
福寿幸男	UKCHD	卸売業	1972	工
堀田直人	ニチバン	化学	1972	工
岩城 修	イワキ	卸売業	1973	法
柴田雄己	名鉄運輸	陸運	1973	法
八代芳明	東海染工	繊維製品	1973	法
野口憲三	日本紙パルプ商事	卸売業	1973	法
本名 均 新	イーレックス	電気・ガス	1973	法
角堂博茂	プレス工業	輸送用機器	1973	商
岩田彰一郎	アスクル	小売業	1973	商
襟川陽一	コーエーテクモHD	情報・通信	1973	商
石崎 哲	近鉄エクスプレス	倉庫・運輸	1973	商
田中秀夫	エー・ディー・ワークス	不動産	1973	商
浜口泰三 新	伊藤忠食品	卸売業	1973	商
福田晴明	スーパーバッグ	パルプ・紙	1973	商
北川 洋	沖縄セルラー電話	情報・通信	1973	商
木下盛好	アコム	その他金融	1973	経済
林田英治	ジェイ エフ イー HD	鉄鋼	1973	経済
駒村純一	森下仁丹	医薬品	1973	工
猪熊茂男	センチュリー21・ジャパン	不動産	1973	工
加藤明美	中越パルプ工業	パルプ・紙	1974	法

社長名	企業名	業種	卒業年	卒業学部
宮﨑 孝	昭光通商	卸売業	1974	商
市原裕史郎	大陽日酸	化学	1974	商
寺町彰博	THK	機械	1974	商
小林 豊	クレハ	化学	1974	商
北尾吉孝	SBIHD	証券・商品先物	1974	経済
井出 豊	ランドビジネス	不動産	1974	経済
坂田 宏	サカタのタネ	水産・農林	1974	経済
清原 晃	JUKI	機械	1974	経済
西村 隆	ニッカトー	ガラス・土石製品	1974	経済
堀切功章	キッコーマン	食料品	1974	経済
門脇 進	ロンシール工業	化学	1974	経済
太田雅晴	中部鋼鈑	鉄鋼	1974	文
三戸純一	極東貿易	卸売業	1974	工
月岡 隆	出光興産	石油・石炭製品	1975	法
市川秀夫	昭和電工	化学	1975	法
小野 建	小野建	卸売業	1975	法
中井隆夫	東洋製罐グループHD	金属製品	1975	法
樋渡健治	日鉄住金物産	卸売業	1975	法
武澤恭司	東洋建設	建設	1975	法
木下幹夫	カノークス	卸売業	1975	法
永野 毅	東京海上HD	保険	1975	商
吉田逸郎	東和薬品	医薬品	1975	商
上村基宏	九州FG	銀行	1975	商
松本敬三郎	マツモト	その他製品	1975	商
柳川 徹	トーヨーカネツ	機械	1975	商
釜井節生	ISID	情報・通信	1975	経済
関根知之	飯野海運	海運	1975	経済
牛尾雅孝	イチカワ	繊維製品	1975	経済
橋本 諭	シンニッタン	鉄鋼	1975	経済
荒川良平	日東化工	ゴム製品	1975	経済

社長名	企業名	業種	卒業年	卒業学部
菅野信三	東急レクリエーション	サービス	1975	経済
矢嶋 進	王子HD	パルプ・紙	1975	経済
國分文也	丸紅	卸売業	1975	経済
徳倉正晴	徳倉建設	建設	1975	経済
三矢金平	アイチコーポレーション	機械	1975	工
山口桂一郎	東北特殊鋼	鉄鋼	1975	工
山内芳樹	オーエス	サービス	1975	工
西嶋守男	冨士ダイス	機械	1975	工
長谷川 勉	三機工業	建設	1975	工
喜田哲弘	T&DHD	保険	1976	法
上田 真	ユナイテッド・スーパーマーケット・HD	小売業	1976	法
上條 努	サッポロHD	食料品	1976	法
石井 彰	日本曹達	化学	1976	法
中里佳明	住友金属鉱山	非鉄金属	1976	法
髙橋順一	エス・ディー・エス バイオテック	化学	1976	法
川原﨑康雄	マキヤ	小売業	1976	商
池谷保彦	メディアスHD	卸売業	1976	商
中西勝則	静岡銀行	銀行	1976	商
迫本淳一	松竹	情報・通信	1976	経済
伊藤 薫	リケン	機械	1976	経済
稲葉利彦	セレスポ	サービス	1976	経済
河端真一	学究社	サービス	1976	経済
吉澤正信	ユニプレス	輸送用機器	1976	経済
柴戸隆成	ふくおかFG	銀行	1976	経済
昌谷良雄	川澄化学工業	精密機器	1976	経済
杉浦昌彦	三陽商会	繊維製品	1976	経済
福田浩一	山口FG	銀行	1976	経済
野田章三	ノダ	その他製品	1976	経済
安井香一	東邦ガス	電気・ガス	1976	工
村井泰介	バイタルケーエスケー・HD	卸売業	1976	工

社長名	企業名	業種	卒業年	卒業学部
宮本 彰	キングジム	その他製品	1977	法
熊谷俊範	フジマック	金属製品	1977	法
原田 浩	マルタイ	食料品	1977	法
三谷 充 ※	ニッコー	ガラス・土石製品	1977	法
小野孝則	住友倉庫	倉庫・運輸	1977	法
北川克己	東洋インキSCHD	化学	1977	工
石川隆一	東京衡機	精密機器	1977	法
平田晴久	チヨダウーテ	ガラス・土石製品	1977	法
安原禎二	ヤスハラケミカル	化学	1977	商
森田英治	中野冷機	機械	1977	商
大久保博司	NTN	機械	1977	商
池田晃治	広島銀行	銀行	1977	商
北村邦太郎	三井住友トラスト・HD	銀行	1977	商
磯崎功典	キリンHD	食料品	1977	経済
吉田隆一郎 新	オーウイル	卸売業	1977	経済
宮﨑正啓	日立ハイテクノロジーズ	卸売業	1977	経済
田沼千明	昭和飛行機工業	輸送用機器	1977	経済
粕谷 強	神鋼環境ソリューション	機械	1977	経済
田中勝彦	西川計測	卸売業	1977	工
岸 明彦	グローブライド	その他製品	1977	工
勝野 哲	中部電力	電気・ガス	1977	工
堆 誠一郎	宝印刷	その他製品	1977	工
奥窪宏章	JMS	精密機器	1978	法
森 康洋	カッシーナ・イクスシー	卸売業	1978	法
長谷川友之	ニッセイ	機械	1978	法
堀田康之	キッツ	機械	1978	法
林田一男	共栄タンカー	海運	1978	法
遠北光彦	南海電気鉄道	陸運	1978	商
桔梗芳人	シークス	卸売業	1978	商
西村元秀	泉州電業	卸売業	1978	商

※2016年6月社長退任予定(16年5月時点)

社長名	企業名	業種	卒業年	卒業学部
北村竹朗	ゼロ	陸運	1978	商
朝倉研二	長瀬産業	卸売業	1978	経済
長岡 勤	東京ドーム	サービス	1978	経済
鈴木啓治	山王	金属製品	1978	経済
鈴木達也	中村屋	食料品	1978	経済
佐藤基行	三菱製鋼	鉄鋼	1978	工
小池好智	クミアイ化学工業	化学	1978	工
渡邉恵一	マルゼン	金属製品	1978	工
大津育敬	ケイヒン	倉庫・運輸	1978	院経営
土屋忠巳	日本電設工業	建設	1978	院工
和田雅夫	NECネッツエスアイ	情報・通信	1978	院工
山下哲生	日本アジアグループ	情報・通信	1978	商・法
中野義久	ヤマナカ	小売業	1979	法
豊田章男	トヨタ自動車	輸送用機器	1979	法
中島康輔	KYB	輸送用機器	1979	法
髙見澤秀茂	髙見澤	卸売業	1979	法
永谷泰次郎	永谷園HD	食料品	1979	商
小池 孝	フレンテ	食料品	1979	商
松下正直	足利HD	銀行	1979	商
大西 洋	三越伊勢丹HD	小売業	1979	商
辻本 茂	オオバ	サービス	1979	商
北野晶平	ダイダン	建設	1979	商
岡田好史	阿波銀行	銀行	1979	経済
巻野 徹	エーアンドエーマテリアル	ガラス・土石製品	1979	経済
渡邉將人	兼房	金属製品	1979	経済
武山尚生	中央可鍛工業	鉄鋼	1979	経済
高橋 新	アーレスティ	非鉄金属	1979	文
小形博行 新	ヱスビー食品	食料品	1979	工
佐藤清之輔	ブレインパッド	情報・通信	1980	法
石黒 武 新	大同特殊鋼	鉄鋼	1980	法

社長名	企業名	業種	卒業年	卒業学部
川本英利	クラリオン	電気機器	1980	法
足立建一郎	ジューテックHD	卸売業	1980	法
澤登一郎	ナガイレーベン	卸売業	1980	法
松岡仁史	情報企画	情報・通信	1980	商
蓮見正純	青山財産ネットワークス	不動産	1980	商
隅田博彦	東洋鋼鈑	鉄鋼	1980	経済
戸上信一	戸上電機製作所	電気機器	1980	経済
江口 久	イーグランド	不動産	1980	経済
青柳俊一	千葉興業銀行	銀行	1980	経済
中村 悟	ギャバン	食料品	1980	経済
柘植一郎	ベルシステム24HD	サービス	1980	経済
島村琢哉	旭硝子	ガラス・土石製品	1980	経済
髙村美己志	東亞合成	化学	1980	文
常包浩司	eBASE	情報・通信	1980	工
玉井裕人	東亜石油	石油・石炭製品	1980	理工
寺田治夫	日本ギア工業	機械	1980	院工
玉川 寿	京極運輸商事	陸運	1981	法
中田卓也	ヤマハ	その他製品	1981	法
北野隆典	スタンレー電気	電気機器	1981	法
牧山浩三	パルコ	小売業	1981	法
阿部 匡	ダイヤ通商	小売業	1981	商
山口一城	日本ケミファ	医薬品	1981	商
吉原康夫	髙木証券	証券・商品先物	1981	経済
高木敏明	シーエスロジネット	卸売業	1981	経済
谷村 仁	NJK	情報・通信	1981	経済
栗林宏吉	栗林商船	海運	1982	法
五十嵐素一	白洋舍	サービス	1982	法
狩野仁志	フィスコ	情報・通信	1982	法
鈴木吉憲	新電元工業	電気機器	1982	法
加藤友彦	ダントーHD	ガラス・土石製品	1982	商

社長名	企業名	業種	卒業年	卒業学部
池田昌史	ネオス	情報・通信	1982	商
渡辺岳夫	タカラスタンダード	その他製品	1982	経済
橋本太郎	ブロードメディア	サービス	1982	経済
川名浩一	日揮	建設	1982	経済
唐島夏生 新	インプレスHD	情報・通信	1982	経済
鈴木龍一郎	大日本木材防腐	その他製品	1982	経済
関口陽介	NFKHD	機械	1983	法
細窪 政	日本アジア投資	証券・商品先物	1983	法
山口誠一郎	トーセイ	不動産	1983	法
酒匂明彦	CAC Holdings	情報・通信	1983	法
神野吾郎	サーラコーポレーション	小売業	1983	商
千村岳彦	システム・ロケーション	サービス	1983	商
船越真樹	インフォメーション・ディベロプメント	情報・通信	1983	商
堀内光一郎	富士急行	陸運	1983	経済
青井 浩	丸井グループ	小売業	1983	文
佐藤守正	エフピコ	化学	1983	工
関本吉成	東都水産	卸売業	1984	法
永井 淳	新東工業	機械	1984	商
石本雅敏	デサント	繊維製品	1984	商
塚本博亮	東海リース	サービス	1984	経済
富田一弥	ニッケ	繊維製品	1984	経済
荒木克彦	ユビテック	電気機器	1984	工
中村憲司	大和コンピューター	情報・通信	1984	院経営
宮島大祐	ケネディクス	サービス	1985	法
玉塚元一	ローソン	小売業	1985	法
栗田宣文	メディキット	精密機器	1985	法
浦壁昌廣	シード	精密機器	1985	商
石垣裕義	石垣食品	食料品	1985	商
山田昌太郎	ヤマダコーポレーション	機械	1985	法
松田裕司	特種東海製紙	パルプ・紙	1985	理工

社長名	企業名	業種	卒業年	卒業学部
江守康昌	日華化学	化学	1985	理工
酒井一郎	酒井重工業	機械	1985	理工
小林一俊	コーセー	化学	1986	法
梅木篤郎	明豊エンタープライズ	不動産	1986	法
生田久貴	ミクニ	輸送用機器	1986	商
清水祐孝	鎌倉新書	サービス	1986	商
高橋弘二	大日精化工業	化学	1986	経済
鬼頭芳雄	キトー	機械	1986	理工
三木康弘	阿波製紙	パルプ・紙	1987	法
赤塚保正	柿安本店	食料品	1987	法
廣岡哲也	フージャースHD	不動産	1987	法
井上善雄	巴川製紙所	パルプ・紙	1987	経済
井村 優	イムラ封筒	パルプ・紙	1987	経済
巽 大介	光世証券	証券・商品先物	1987	経済
羽山 明	理想科学工業	機械	1987	理工
菊川 厚	キクカワエンタープライズ	機械	1987	院理工
細金英光	フジトミ	証券・商品先物	1988	法
田島克洋	ファンドクリエーショングループ	不動産	1988	法
山﨑元裕	ヤマタネ	卸売業	1988	商
菊川 曉	ガーラ	情報・通信	1988	経済
関家一馬	ディスコ	機械	1988	理工
高田重久	タカタ	輸送用機器	1988	理工
野澤 裕	ジェクシード	情報・通信	1988	理工
関 敬史	フジミインコーポレーテッド	ガラス・土石製品	1989	法
喜久田匡宏	トラストHD	不動産	1989	商
森 啓一	フォーカスシステムズ	情報・通信	1989	商
嶋崎富士雄	文教堂グループHD	小売業	1989	商
鈴木信吉	川金HD	鉄鋼	1989	経済
岩崎高治	ライフコーポレーション	小売業	1989	経済
朝倉智也	モーニングスター	サービス	1989	文

社長名	企業名	業種	卒業年	卒業学部
林 哲也	エーワン精密	機械	1989	文
北野 俊	サンオータス	小売業	1990	商
出原正信	自重堂	繊維製品	1990	経済
菊池一広	極東証券	証券·商品先物	1990	経済
堤 純也	アクロディア	情報·通信	1990	院理工
鈴木順也	日本写真印刷	その他製品	1990	院商
鈴木 聡	マミヤ·オーピー	機械	1991	法
吉田眞市	日本コロムビア	情報·通信	1991	商
近藤 昭	桧家HD	建設	1991	商
梁瀬泰孝	ギガプライズ	情報·通信	1991	商
小原康嗣	OBARA GROUP	電気機器	1991	経済
椎木隆太	ディー·エル·イー	情報·通信	1991	経済
樫尾和宏	カシオ計算機	電気機器	1991	理工
清水 謙	WDI	小売業	1992	法
山本憲央	中央経済社HD	情報·通信	1992	経済
松浦一博	GFA	その他金融	1992	経済
上野剛史	プロネクサス	その他製品	1992	経済
石渡進介	みんなのウェディング	情報·通信	1993	法
大薗誠司	ハンズマン	小売業	1993	理工
武藤 潤	東燃ゼネラル石油	石油·石炭製品	1993	院経営
奥山泰全	マネーパートナーズグループ	証券·商品先物	1994	商
伊部充弘	ゼリア新薬工業	医薬品	1994	経済
山口真史	ATグループ	小売業	1994	経済
小林章浩	小林製薬	化学	1994	経済
目黒真司	ポプラ	小売業	1994	経済
近藤健介	ビー·エム·エル	サービス	1994	医
藤田 実	藤田エンジニアリング	建設	1994	院経営
松井康子	パピレス	情報·通信	1994	院文
片岡 尚	イオンファンタジー	サービス	1995	経済
永守秀章	テックファームHD	情報·通信	1995	環境情報

社長名	企業名	業種	卒業年	卒業学部
荻野博一	日本光電	電気機器	1995	院理工
五十嵐 幹	クロス・マーケティンググループ	情報・通信	1996	経済
澄岡和憲	イマジニア	情報・通信	1996	理工
柳澤大輔	カヤック	情報・通信	1996	環境情報
小林祐介	アエリア	情報・通信	1996	総合政策
柴田 裕	キーコーヒー	食料品	1996	院経営
山下修平	シーアールイー	不動産	1997	商
名村建介	名村造船所	輸送用機器	1997	経済
中村壮秀	アライドアーキテクツ	サービス	1997	理工
元榮太一郎	弁護士ドットコム	サービス	1998	法
渡邉哲男	比較.com	サービス	1998	商
福田晴久	ネポン	金属製品	1998	院機械
小田健太郎	アイリッジ	情報・通信	1999	経済
大島嘉仁	MAGねっとHD	その他金融	1999	経済
池田憲一	はごろもフーズ	食料品	1999	経済
樋口敦士	Hamee	小売業	1999	経済
藤澤陽三	ユナイテッド	サービス	1999	総合政策
小嶋淳平	IMV	精密機器	2000	経済
須田将啓	エニグモ	情報・通信	2000	院理工
寺田正秀	SHO-BI	その他製品	2001	法
檜垣俊行	小林産業	卸売業	2001	院経営
有沢悠太	有沢製作所	化学	2002	院経営
間下直晃	ブイキューブ	情報・通信	2002	院理工
山木 学	イトクロ	サービス	2002	院理工
中村俊一	アドベンチャー	サービス	2005	商
平尾 丈	じげん	情報・通信	2005	環境情報
佐藤大央	夢真HD	サービス	2006	経済
植松泰右	トーヨーアサノ	ガラス・土石製品	2007	院経営

*2016年5月10日時点で卒業年と学部が判明した355社の社長データ。銀行頭取や代表者を含む。HDはホールディングス、FGはフィナンシャルグループの略。各種データや取材を基に本誌編集部作成
(編集部注:本誌2016年5月28日号「慶應三田会」特集発売後、サガミチェーン社長(当時)・鎌田敏行、ジャステック社長・中谷 昇も慶應大出身と判明)

1860年、福澤諭吉(右)は軍艦の咸臨丸に乗って初めて渡米し、"西洋事情"を目の当たりにした 毎日新聞社／アフロ

Part 3

最強の歴史

こうして王国は築かれた

慶應義塾はなぜ財閥、財界に強いのか。
歴史をひもとけば、慶應の創設者である福澤諭吉の時代から、
その人脈はつながっていた。
三菱、三井という二大財閥を舞台に、
慶應王国が築かれた軌跡を追った。

なぜ財閥、財界に強いのか福澤諭吉からつながる人脈

「近年日本の商売社会に大事業を成し、絶後はイザ知らず空前の名声をとどろかして国中に争ふ者なきは、三菱会社長故岩崎弥太郎氏なるべし」

1893年4月、福澤諭吉創刊の日刊紙「時事新報」に掲載された論説の一節だ。

三菱財閥の創始者、岩崎弥太郎は〝政商〟として世間の非難を浴びることも多かったが、福澤は弥太郎を「空前の名声」を博した実業家と絶賛したのである。

後に福澤の著作『実業論』としてまとめられる論説の記述からもうかがえるように、2人は互いに一目置き合う盟友関係にあった。

弥太郎は福澤のベストセラー『西洋事情』を明治維新前に熟読しているし、ビジネスが軌道に乗った後も福澤のアドバイスを聞き入れている。

実は1日違い生まれの同い年で地方の下級武家出身、という共通点も多い2人の蜜月は、三菱という現在に続く巨大企業グループの今を語る上でも重要な意味を持つ。

弥太郎は土佐藩に生まれ、大阪で藩の事業を吸収して海運業を立ち上げた。台湾出兵（74年）や西南戦争（77年）で政府の軍需輸送を独占し、三菱は急成長を遂げることになるが、このときに直面したのが人材不足という壁だった。

弥太郎は早い時期から高等教育を受けた人材を求めたが、〝番頭でっち〟の文化が色濃く残る当時はまだ、学卒者の多くは官職を志向していた。

ここでキーマンになったのが、弥太郎の母方のいとこに当たる豊川良平だ。豊川は弥太郎より17歳年下で、三菱の2代目総帥となる弥太郎の弟、弥之助の1歳年下。早くに両親を亡くし、岩崎家で弥太郎や弥之助と兄弟同様に育った人物だ。

三菱の東京進出を機に豊川も上京し、入学したのが慶應義塾だ。卒業後も定職に就かず、経済誌の創刊や学校運営に携わるなど自由な言論生活を送っていたようだが、この時代、後に歴史家から「一生を通じた無形の大事業」と称される仕事を豊川はやっている。

それが、弥太郎に優秀な人材を紹介する、いわばリクルーターとしてのミッションだ。豊川が推す人材の多くが慶應の出身者だった。

その代表例が、荘田平五郎だ。

荘田は福澤と同郷で、慶應では豊川の3年先輩だ。福澤は早くからその秀才ぶりに目を付け、入学後すぐに教師待遇とした。慶應が大阪に分校を設置した際は、荘田を教師として派

福沢諭吉の時代から人脈はつながっていた

二大財閥の慶應人脈

三井
三井中興の祖
中上川彦次郎
(1854～1901年)
母親は福澤の姉。工部省を退官後、福澤と「時事新報」を創刊。三井銀行が経営危機に陥っていた1891年、山陽鉄道社長を辞して入行。不良債権処理や三井の工業化を進めながら慶應出身者を多数採用し、学閥を形成した。
姻戚関係
中上川の後継者
池田成彬
(1867～1950年)
1933年に三井合名会社の筆頭常務理事に就任し、三井家の経営分離、定年制の設置などの改革を進めた。
福澤家の玄関番
朝吹英二
(1849～1918年)
当初は攘夷派で、福澤の暗殺を企てたが失敗。開明派に転向し、福澤邸の玄関番に。三井系企業の重職を歴任した。
スカウト
藤原銀次郎
(1869～1960年)
王子製紙を合併でシェア8割超の巨大企業に成長させた製紙王。
武藤山治
(1867～1934年)
鐘淵紡績を立て直し、福利厚生を充実させた"日本的経営の祖"。
日比翁助
(1860～1931年)
三井呉服店を日本初の近代的デパートに変えた百貨店の始祖。
私鉄経営のパイオニア
小林一三
(1873～1957年)
1907年に三井銀行を退職し、箕面有馬電気軌道（現阪急宝塚線・箕面線）を創立。私鉄経営ビジネスを確立した。
佐賀が生んだ
辣腕経営者
藤山雷太
(1863～1938年)
佐賀県議会議員から三井銀行へ入行。芝浦製作所や王子製紙へ送り込まれ、経営手腕を発揮した。
Illustration by Saekichi Kojima

盟友
慶應義塾創立者
福澤諭吉
(1835～1901年)
三菱
三菱財閥
創始者
岩崎弥太郎
(1835～1885年)
明治維新の激動期に海運業を起こし、一代で巨万の富を築いた"政商"。福澤と同い年で、互いに認め合う仲だった。慶應出身者を多く採用し、経営幹部に抜てき。幹部候補生を育てる三菱商業学校には、多くの福澤門下生を教官としてそろえた。
親戚
慶應義塾の教え子たち
親子
従兄弟
慶應幼稚舎のプリンス
岩崎久弥
(1865～1955年)
弥太郎の長男で、三菱財閥3代目総帥。慶應幼稚舎、三菱商業学校などで学び、28歳で三菱合資会社社長に就任。
塾生リクルーター
豊川良平
(1852～1920年)
弥太郎のいとこ。三菱商業学校の運営などに携わり、荘田平五郎ら三菱幹部を採用。久弥の後見役も務めた。
スカウト
三菱初の
日本郵船社長
吉川泰二郎
(1852～1895年)
1878年に郵便汽船三菱に入社。共同運輸との合併で発足した日本郵船に転じ、三菱出身で初の社長に就いた。
三菱出身の
日銀総裁
山本達雄
(1856～1947年)
教職を経て1883年に郵便汽船三菱に入社。日本銀行に転じ、43歳で第5代総裁に就任した。大蔵大臣なども歴任した。
三菱四天王の
筆頭
荘田平五郎
(1847～1922年)
三菱に会社規則や複式簿記を導入し、近代的な経営システムを確立。弥太郎の死後は三菱合資会社の支配人となった。

遺している。

三菱に入った荘田は、会社規則や複式簿記を導入し、三菱の近代的な経営システムを確立。三菱で出世の階段を上る。

弥太郎の信頼も厚かったようで、荘田は弥太郎のめいを妻に娶った。この荘田の活躍で、後に日本銀行第5代総裁となる山本達雄、日本郵船で初の三菱出身社長となる吉川泰二郎など、豊川を介して慶應出身の人材が次々に三菱入りしたのだ。

強烈な個性で三菱を率いた弥太郎の陰には、慶應人材を供給した〝名伯楽〟としての豊川の存在があり、この両輪があったからこそ、三菱の急成長が実現し得たのだ。

ちなみに荘田が入社した75年、弥太郎は長男の久弥を慶應幼稚舎に入学させている。事業に成功した起業家が、子息を幼稚舎に入学させる先駆けといえそうだ。弥太郎と福澤がいつ接点を持ったかは定かな記録が残っていないが、互いに息子とまな弟子を預け合ったこのとき、2人の交友が始まったであろうことは想像に難くない。

弥太郎の死後、久弥は三菱の3代目総帥となった。そして「三菱四天王」と呼ばれた豊川や荘田ら慶應閥の大幹部が久弥を支え、三菱を率いていくことになるのだ。

二大財閥に増殖する福澤門下生たち

一方、三菱のライバルである名門の三井にも、慶應閥が増殖するターニングポイントがあった。

それが、福澤のおいの中上川彦次郎が三井銀行に入行した91年だ。

三井には当時、外部人材を入れざるを得ない事情があった。

江戸時代から呉服商や両替商として続いてきた三井は、幕末維新の混乱期を何とか乗り切り、76年には三井銀行と三井物産を設立して新時代への対応に成功したかに見えた。しかし三井家とのしがらみは断ち切れず、資本と経営の分離を果たせないまま不良債権が累積していったのである。

そこで白羽の矢が立ったのが中上川だった。中上川は福澤の支援で英ロンドンに留学し、福澤と共に「時事新報」を創刊した、いわば福澤の秘蔵っ子だ。

中上川は三井側から銀行理事のポストを打診された際、福澤に相談している。福澤がその返信の手紙でつづった内容を、現代風に要約すると次のようになる。

・唯一の気掛かりは渋沢栄一や益田孝といった三井のうるさ方連中だが、井上馨の後ろ盾があれば心配ない。

・三井が政府を恐れ、不合理な公金貸し付けを行っていることが問題の本質だ。

・三井の信用力があれば再建は困難ではない。理事就任を引き受けるべきだ。

これらは当時の三井の内部事情を見事に言い当てている。

渋沢や益田は当時、三井の顧問や相談役を務めていた最古参の重鎮だ。改革に対する抵抗が予想されるが、中上川を招聘したのはより格上の最高顧問、井上である。

中上川は晩年、井上に見切りをつけられて発言力を失うことになるが、当時37歳にすぎない外部人材の中上川が入行後すぐに急進的な改革に着手できたのは、当初はバックに井上がいたからに他ならない。福澤は三井内部の微妙なパワーバランスを、独自の情報網から熟知していたのである。

中上川は入行翌年に三井の事実上の実権を握り、叔父のアドバイス通り、政府高官の不良債権に対して厳しい取り立てを行った。政府との癒着で生まれる〝情実融資〟を断ち切り、官金取り扱いを全て返上したのである。

当然、社内でも激しい反発が起きる。自らの地盤を固めるためにも、中上川が進めたのが、慶應出身者の大量採用だ。

池田成彬、朝吹英二、藤山雷太、武藤山治、藤原銀次郎、日比翁助、小林一三――。彼らの多くはまず三井銀行に入行し、そこから芝浦製作所（現東芝）、鐘淵紡績（後のカネボウ）、王子製紙など、工業化を進める目的で中上川が傘下に収めた企業へ経営者として送り込まれた。

中上川は47歳の若さで病に倒れ、益田らが実権を取り戻すことになったが、中上川の後を継いだ慶應出身者たちが各業界のパイオニアとして活躍したことは歴史が証明する通りだ。

三井内部での中上川の奮闘を、福澤はどう見ていたのだろう。

前出の著書『実業論』には、中上川をうかがわせる記述もある。

「世間の実業家は既に蝶化して春風に翩々たるときにも、旧富豪翁は尚ほ芋虫にして蠢爾活動するを得ず、（中略）戦国の世の名士が衰運の家に仕へて中興の業を成したるの例少なからず」

「旧富豪翁」や「衰運の家」を三井、「戦国の世の名士」を中上川に言い換えることができる。

江戸時代から続く旧弊を脱し切れなかった三井は、福澤にしてみれば「芋虫」のような存在だった。そこに中上川が赴き、改革を実行して三井「中興」の祖となったのだ。

中上川の三井改革こそ、福澤が目指した「実業の実践」だったのである。

先駆者からあしき門閥へ？　慶應の〝自家撞着〟

三菱、三井の例を見れば、巨大財閥の慶應閥がいかに勢力を拡大したかが分かる。

三菱に対しては創業者と結び付き、人材の需要と供給という互いの利益を共有した。三井に対しては中上川を送り込み、彼をハブに門下生を浸透させた。

福澤は慶應の目的として「全社会の先導者」になることを塾生に説いているが、二大財閥のみならず、電力や保険、鉄道といった各業界で、まさに福澤の思想を体現する「先導者」を誕生させている（143ページ表参照）。

これらは結果として、慶應がその黎明期に躍進する力の源泉になったことは間違いない。実業界で門下生が成功を収めることで、慶應の評判は高まり、優秀な塾生が集まる。各界に張り巡らされた人的ネットワークを伝って情報が集まり、さらなる人材を実業界に送り込む。

こうして見ると、啓蒙思想家というよりも財界のフィクサーとしての福澤の別の顔が浮かぶ。福澤が始めたこのサイクルが綿々と続き、現在の慶應王国が築かれたのである。

ところで福澤は晩年に出版した『福翁自伝』で、「門閥制度は親の敵」という言葉を残している。

これは、幼少期に死別した父・百助が、儒学に通じた学者だったにもかかわらず、下級武士であったがために身分格差の激しい中津藩で事務的な仕事しか与えられなかったことを憤って書いた言葉だ。

この原体験は、明治維新という時代の転換期、江戸時代の旧弊打破に挑み続けた福澤の原動力となったのだろう。

彼の人生はいわば「門閥」との戦いだった。その志を体現すべく、先兵として送り込まれ

戦前に経済界を席捲

慶應が生んだ業界の“王様”

電力の鬼　松永安左エ門(1875～1971年)

戦前、東邦電力を率いて全国約100社の電力会社を傘下に収めた。戦後も電力再編に辣腕を振るい「電力の鬼」の異名を取った。

電気王　福澤桃介(1868～1938年)

福澤諭吉の娘婿。名古屋電灯を買収して社長となり、後に大同電力初代社長。福博電気軌道(現西日本鉄道)も創設した。

鉱山王　久原房之助(1869～1965年)

茨城県の日立鉱山を世界屈指の銅山に育て上げた。事業の多角化に成功し、日産コンツェルンの基盤を築いた。

生保創始者　阿部泰蔵(1849～1924年)

慶應義塾の教授、塾頭を務め文部省入り。三菱の荘田平五郎らと日本初の生命保険会社、明治生命(現明治安田生命)を創設し初代社長に。

金鳥生みの親　上山英一郎(1862～1943年)

郷里の和歌山県でミカンの海外輸出を目的とした上山商店(現大日本除虫菊)を設立。除虫菊の種子の栽培研究を始め、世界初の渦巻き型蚊取り線香を発明した。

た門下生たちが各業界で先進的なイノベーションを起こしたのだ。

しかし時を経て、慶應出身者は今や経済界の主流を占めるに至った。その巨大学閥の中核を成すのは、幼稚舎出身者を頂点とするエリート富裕層たちだ。まさに慶應は、庶民には手の届かない現代社会の「門閥」といえる存在になってしまったのではないか。

福澤が現在の状況を予期していたか否かは知る由もないが、もし彼が生きていたら一体何を思うのだろうか。

Interview 6

福澤諭吉の子孫が語る慶應の精神と強さの秘密

福澤 武

三菱地所名誉顧問

慶應義塾には、日本近代化の旗手である福澤諭吉の建学の精神が150年以上の長きにわたって連綿と受け継がれている。経済界などで活躍する人材を輩出し続ける慶應の強さの源泉といえるこれら精神などについて、諭吉のひ孫に当たる福澤武(三菱地所名誉顧問)が語る。

――福澤諭吉が目指し、慶應義塾に求めたこととは何だったのでしょうか。

諭吉にとって大きな命題は、国の独立でした。国が独立するためには個人――国民が独立しなきゃ駄目。「一身独立して一国独立す」ということを言っている。そして一身独立するためには学問が必要なんだと。『学問のすゝめ』で学問の必要性を語っているわけですね。

ただ、慶應義塾の目的っていうことについてはね、諭吉が非常に明解に、力強く言った有名な言葉があるんです。「慶應義塾は単に一所の学塾として自から甘んずるを得ず。其目的は、我日本国中に於ける気品の泉源、智徳の模範たらんことを期し、之を実際にしては居家（※）、処世（※）、立国（※）の本旨（※）を明にして、之を口に言ふのみにあらず、躬行（※）実践、以て全社会の先導者たらんことを欲するものなり」。

　要するに、勉強ばっかりやってたら駄目。智には徳が必要なんだ、ということなんですよね。

　諭吉は道徳にかなり力を入れていたそれまでの日本の教育っていうものを受けて、『文明

K.S.

ふくざわ・たけし／諭吉の次男、捨次郎の孫として1932年9月4日に生まれる。11〜23歳に結核での闘病生活を強いられるも慶應義塾大学法学部に入学。61年三菱地所入社。94年社長、2001年会長、07年相談役。15年より名誉顧問。

論之概略』でこういうことを言ってるんだな。「徳は智に依り、智は徳に依り。無智の徳義（※）は無徳に均しきなり」。つまり、徳、徳って徳義の重要性を説いても、その徳に智が伴っていないなら、それは徳のないのと同じことだと言ってるんですよ。

この言葉はね、裏を返せば「徳のない智は無智に均しい」ということで、その意味も含まれてると思うんです。頭でっかちになっても駄目なんだと。人間としての気品を持たなければいけない。慶應義塾というのは、そういうものを求める学塾なんだというわけです。学問で智徳を養い、それによって高尚な人格を築いていく。そういう国民によって国家を支えていくんだというね。諭吉はそういうことを目指してたんだと思います。

諭吉は気品ってことの大切さを「慶應義塾の目的」以外でも述べてますよ。例えば『実業論』の中で、「実業に携わる者は気品を備えてなければいけない。なぜならば、気品がないと人から信用されない。だからビジネスマンは気品を備えなければいけない」ってことを言ってるんですよね。

――慶應出身者は官より民で活躍する人が多いです。諭吉自身は実業界にこだわりがあったんですか。

（憲法制定をめぐる対立で、大隈重信とそのブレーンの慶應義塾門下生が政府から追放された）明治14年の政変もあって、慶應の連中は自然に実業界の方へ行って政治家になる人があんまりいなかった。だけど、尾崎咢堂（行雄）だとか犬養毅とか、戦前だって大政治家もいました。

諭吉はね、「全社会の先導者たらんことを欲するものなり」ということを言ってるでしょ。それは何も、総理大臣とか会社の社長になるばかりが方法じゃない。いろんな所に行って、自分の周りに影響を与えるってことが必要なんだということです。だから、卒業して故郷へ帰ったら、町や村の改革のための先導者になれと。そういうことを言ってるんであって、別に実業界にこだわってるってことじゃあない。

——そもそも、慶應には昔から町や村の先導者になり得る名士の子息がたくさん入学していました。

授業料を取るっていうのは慶應が始めたことなんじゃないですかね。そうするとやっぱり授業料が払える人じゃないと入れなかったんじゃないかなと思いますね。

——でも、授業料を払ってでも学びたい何かが慶應にはあった。

そりゃそうでしょ。『学問のすゝめ』なんてのはベストセラーですからね。全国で読まれてたわけですから、「あぁ、こういうところで勉強したい」っていう人がいっぱい出てきたと思いますよ。

――慶應には「社中協力」という言葉がありますが、慶應の人たちは本当に団結力が強いですね。

すぐどっかに三田会ってできちゃうんだよね（笑）。昔、東京大学出身の大先輩とこういう話をしていたときも、「慶應の人同士って、初めて会ってもすぐ仲良くなっちゃう」って言われましたよ。

諭吉って、交際ってものも非常に重要視していてね。付き合いを広げて人と交流することからも、いろいろ学ばなきゃいけないって。交際するには苦虫をかみつぶしたような顔をしてたら駄目だとか、容姿にも気を付けなきゃいけないなんてことまで言ってんの（笑）。明るく愉快でなきゃいかん、と。

――なるほど、気品の追求は内面のみならず見た目にまで及ぶわけですね。まさに「慶應ボーイ」。

『福翁自伝』を読むと分かるんだけど、諭吉自身も単なる堅物じゃない。非常に人間性豊かで、しかもちゃめっ気たっぷり。頭の柔軟性っていうものを持ってる人ですよ。『開口笑話』っていうジョーク集を出してるくらいですから。

この中にも面白くて「言い得て妙」な話が載ってるけど、そういうおかしな話をすりゃあ和やかになるじゃない。人との交際の面でもジョークは役に立ちますよね。

※居家＝家庭を治めてゆくこと　※処世＝世間で暮らしを立ててゆくこと
※立国＝国の独立をたもつこと　※本旨＝本来の趣旨
※躬行＝口で言う通りを、自ら実際に行うこと　※徳義＝人として守るべき道徳上の義務

教え合いと協力を重んじる

慶應の精神

独立自尊

個人の独立が国家の独立につながるという思想から重視された、「自他の尊厳を守り、何事にも自分の判断と責任で臨む」という慶應の基本精神

気品の泉源

慶應の目的に掲げられている言葉。塾生には、智徳(=知識と道徳)と共に気品を持ち、人格者となって社会の先導者となることが求められている

実学

慶應が重んじる実学とは、実証的に真理を解明し、問題を解決していく「科学(サイヤンス)」のこと。単に「すぐに役立つ学問」を指すわけではない

半学半教

「教える者」と「学ぶ者」を決め付けず、教員と学生は両者とも半分は教え、半分は学び続ける存在だとする慶應草創期からの精神

社中協力

全ての慶應の関係者(=社中)による助け合いがあるからこそ、日本を代表する学問・教育の府であり続けることができるとして、慶應は協力を重んじる

人《じん》間《かん》交際

あらゆる学問は人と人との交流のためにあり、その交流の中で総合的な人間力が培われる――。この考え方に基づき、大切にされてきた慶應に息づく伝統

自我作古

「我より古(いにしえ)を作す(なす)」。困難や試練が待ち受けていても、前人未到の新しい分野に挑戦し、開拓していく勇気と使命感を表す慶應の信条

過熱する評議員選に冷や水も結束力と集金力のカラクリ

数年前のこと、慶應義塾大学出身である大企業首脳の元を、他業界大手の親しい慶應卒経営者が訪ねてきた。そして、すがるような目で「私に票を頂けませんか」と請うた。

彼の言う票とは、慶應の評議員会のメンバーである評議員を決める選挙の投票用紙。慶應では評議員会が理事会の上にある最高決議機関に位置付けられる。理事会よりも評議員会を上位に置く私立大学は珍しい。

さらにまれなのが、慶應卒全員が評議員を直接選ぶ投票権を持つこと。約100人の評議員のうち30人が、立候補した卒業生の中から選挙によって選ばれるのだ。

選挙は4年に1回。この時期になると、慶應卒たちは色めき立つ。立候補者の大半は財界の大物たち。落選すれば本人も会社も看板を汚すことになる。候補者によっては、意地とプライドを懸けて会社ぐるみで集票活動に走る。

冒頭の経営者は初めて立候補したということもあり、周到に自ら集票活動に回っていた。

請われた側の首脳が自分の投票用紙を差し出したが、経営者は「1枚だけですか？」と不服そうな表情を見せた。社内の慶應卒の票を取りまとめてほしかったからだ。

しかし、社内の票は他の候補者に持っていかれた後だった。そう伝えるや、経営者は怒って帰ってしまった。

慶應卒の多い企業では、社内の慶應卒社員が持つ白紙の投票用紙を取りまとめるところが少なくない。回収した票は恩を売りたい営業先に配分するのだ。

社内の三田会に毎度のごとく票を回収されてきた慶應卒ビジネスマンは、ある年の選挙後に当選者から協力への感謝がしたためられた礼状を受け取った。そのとき初めて自分の票がこの人物に投じられたのだと

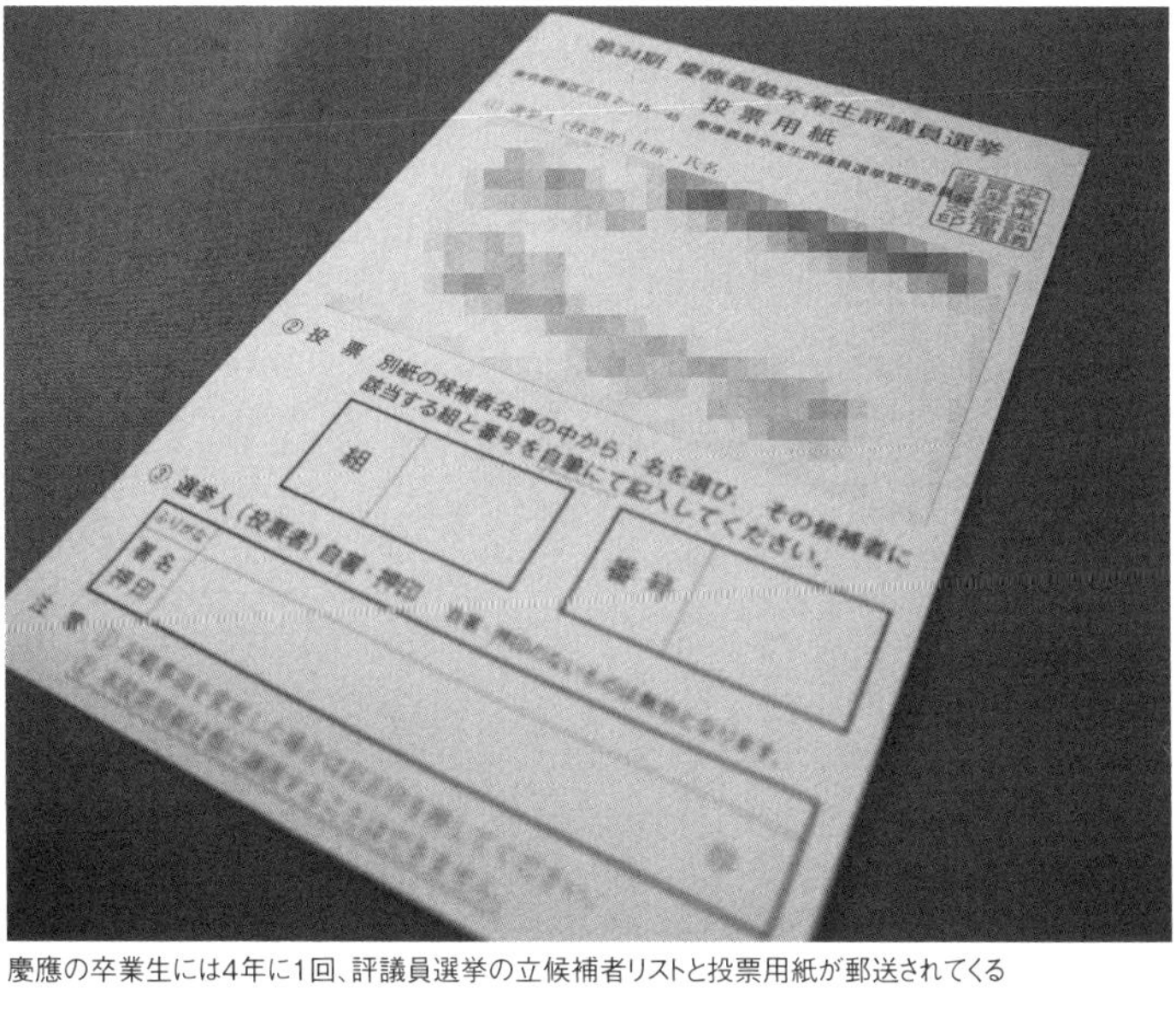

慶應の卒業生には4年に1回、評議員選挙の立候補者リストと投票用紙が郵送されてくる

財界大物がズラリ

慶應義塾評議員リスト(抜粋)

氏名	職業・役職	卒業年・学部
明石博義	西日本鉄道相談役(元社長)	1958 経
麻生 泰	麻生セメント会長	1969 法
安藤宏基	日清食品ホールディングス社長・CEO	1971 商
李 一揆	ベストウェスタンホテルグループ会長	1969 商
生田正治	商船三井元社長	1957 経
石井壮太郎	永坂産業取締役	1978 経
今井義典	JT監査役、NHK元副会長	1968 経
岩沙弘道	三井不動産会長	1965 法
上原 明	大正製薬ホールディングス社長	1966 経
内田 勲	横河電機最高顧問(元社長)	1960 工
江頭敏明	三井住友海上火災保険顧問(元社長)	1972 法
江河利幸	王子製紙元副社長	1962 法
太田芳枝	元労働省女性局長	1966 経
大橋光夫	昭和電工最高顧問(元社長)	1959 経
大橋洋治	ANAホールディングス相談役(元社長)	1964 法
大林剛郎	大林組会長	1977 経
岡 素之	住友商事相談役(元社長)	1966 経
岡崎真雄	あいおいニッセイ同和損害保険顧問(元社長)	1958 経
岡野光喜	スルガ銀行社長兼CEO	1967 経
岡谷篤一	岡谷鋼機社長	1967 経
翁 百合	日本総合研究所副理事長	1982 経
沖原隆宗	三菱東京UFJ銀行特別顧問(元副会長、グループ元会長)	1974 経
尾崎元規	花王元社長	1972 工
海瀬亀太郎	マルカ林業社長	1965 法
貝沼由久	ミネベア社長	1978 法
加賀見俊夫	オリエンタルランド会長兼CEO	1958 法
勝俣宣夫	丸紅相談役(元社長)	1966 経
加藤千麿	名古屋銀行会長	1963 法
加藤順介	小糸製作所顧問(元社長)	1960 法
神野信郎	中部ガス相談役(元社長)	1953 経
亀井昭伍	カメイ相談役(元社長)	1952 法
菊池廣之	極東証券会長	1964 経
北里一郎	北里研究所相談役、明治製菓元社長	1955 工
北島義俊	大日本印刷社長	1958 経
北城恪太郎	日本IBM相談役(元社長)	1967 工
清原武彦	産業経済新聞社相談役(元社長)	1962 法
草刈隆郎	日本郵船特別顧問(元社長)	1964 経
熊谷安弘	税理士法人熊谷事務所会長	1963 商
黒田章裕	コクヨ会長	1972 経
小泉和久	小泉グループ社長	1973 商
黄 茂雄	東元集団会長	1962 経

商=商学部、医=医学部、工=工学部

氏名	職業・役職	卒業年・学部
河野 猛	河野代表取締役	1953 経
國分勘兵衛	国分会長兼社長	1962 商
後藤順子	トーマツ経営会議メンバー	1981 経
小林哲也	帝国ホテル会長	1969 法
坂上 弘	慶應義塾大学出版会会長	1960 文
迫本淳一	松竹社長	1976 経
佐治信忠	サントリーホールディングス会長	1968 経
鹿内徳行	京橋法律事務所筆頭パートナー弁護士	1971 法
篠崎英夫	日本公衆衛生協会理事長	1969 医
鈴木茂晴	大和証券グループ本社会長	1971 経
銭高一善	銭高組会長	1966 経
千 宗守	武者小路千家家元	1970 法
髙木 茂	三菱地所相談役(元社長)	1962 経
髙嶋達佳	電通会長	1966 文
滝鼻卓雄	読売新聞東京本社元社長	1963 法
塚本清士郎	塚本總業社長	1966 法
鶴 正登	NOK会長兼社長	1970 経
内藤晴夫	エーザイCEO	1972 商
中冨博隆	久光製薬会長兼CEO	1962 法
中村胤夫	三越元社長	1961 法
永山 治	中外製薬会長兼CEO	1971 商
西岡浩史	慶應義塾三田体育会会長、東芝エレベータ元社長	1964 文
西田宏子	根津美術館顧問	1961 文
西室泰三	東芝名誉顧問(元社長)	1961 経
服部真二	セイコーホールディングス会長兼グループCEO	1975 経
早川 浩	早川書房社長	1965 商
福澤 武	三菱地所名誉顧問(元社長)	1961 法
福田浩一	山口フィナンシャルグループ社長	1976 経
福原義春	資生堂名誉会長	1953 経
藤﨑三郎助	藤崎社長	1971 法
堀内光一郎	富士急行社長	1983 経
松下正幸	パナソニック副会長	1968 経
御子柴克彦	理化学研究所脳科学総合研究センターシニアチームリーダー	1969 医
三谷 充	三谷産業会長	1977 法
三輪芳弘	興和社長	1978 商
茂木友三郎	キッコーマン名誉会長	1958 法
矢嶋英敏	島津製作所相談役(元社長)	1957 文
山本修三	日本病院共済会代表取締役	1959 医
渡辺捷昭	トヨタ自動車顧問(元社長)	1964 経
渡 文明	JXホールディングス名誉顧問	1960 経

*2014年に就任した評議員100人のうち、慶應義塾の教員などを除いて掲載。文=文学部、経=経済学部、法=法学部、

知った。

後日、たまたま勉強会に当人が講師としてやって来たので「お礼状を頂いたのは初めてです。ありがとうございました」とあいさつした。相手も最初はきょとんとしていたが、すぐに事情をのみ込み、互いにほほ笑み合った。

集票活動が過熱していくにつれ、行き過ぎた行為が問題視されるようになった。ついに近年の選挙で、おきゅうが据えられた。投票する候補者の組・番号を自筆で記入し、投票する本人が自署・押印するよう指示され、投票用紙は他に譲渡できないことが強調された。

選挙厳格化で社内三田会はお役御免？

「警察のように自筆か否かを見極められるわけではないので、いくらでも擦り抜けられるよ」と評議員の一人。それでも、道義上、票の取りまとめを控える会社も出てきた。

この流れは選挙の健全化であり、好ましいのは間違いない。しかし、皮肉なことに、厳格化するほどに、三田会の結束力が弱まる作用をもたらしてしまう。

というのも、各企業が結成する職場三田会は新入社員歓迎会などの活動を行う一方で、票の取りまとめが一大業務ともなる。4年に1回、社内の慶應卒社員に票の提供を求める必要があるからこそ、日頃から親睦を図り、会員名簿を整備することが必然だった。

「票集めがなくなると、お役御免かな？」。大手企業の社内三田会で事務局スタッフを務めるビジネスマンは苦笑する。

集票活動をしてでも獲得したい者もいる評議員の席。さて、そこに座るのは、いったいどんな顔触れなのか。

152〜153ページの表は2014年に就任した評議員の中から財界人らを抜粋したものだ。メンツは日本経済団体連合会（経団連）をはじめ経済団体の役職者たちを集結させたようなそうそうたるもの。

実際、日本郵船特別顧問（元社長）の草刈隆郎、ANAホールディングス相談役（元社長）の大橋洋治、三井不動産会長の岩沙弘道など、経団連の要職経験者が名を連ねる。

上場企業のサラリーマン社長だけではない。大正製薬ホールディングス社長の上原明、エーザイCEOの内藤晴夫、大林組会長の大林剛郎などなど、一族が代々慶應に通うようなオーナー系、同族、創業家の経営者が多い。御曹司が多く通う慶應らしさの表れだろう。

社業に直接的な利益をもたらすわけではない評議員は、しょせん名誉職。されども愛塾心の強い慶應卒にとって評議員の職は、この上ない栄誉である。

ウマの合う評議員同士の飲み会やゴルフなど、プライベートな付き合いも当然ある。これだけのメンツが集うのだから、交わされる政財界もろもろの情報は最高ランクだ。

慶應にすれば、評議員職というカードを持つことで、財界大物たちから寄付金の恩恵にあずかれる。慶應は経済界にあまたの社長を輩出している。卒業生が社長になれば、企業からの寄付金は圧倒的に集めやすくなる。

「社長になった途端、学校が無心に来たよ」と慶應卒の大企業元社長。その上、評議員になってもらえば、慶應との付き合いはさらに深まり、かつ継続されやすくなるのだ。

脂の乗ったころに卒業25年目の大同窓会イベント

寄付金は企業や経営者から集めるだけではない。日吉キャンパスで毎年開催される大規模な同窓会「慶應連合三田会大会」や、卒業して25年目の卒業生に向けた「卒業25年記念事業」といった集金マシンもある。

「この時計、連合三田会大会のオリジナル品なの」。慶應卒ビジネスマンは腕にはめた時計を見せながら「まあ原価2000~3000円くらいの代物だけど」とおどけてみせた。

毎年10月に開催される連合三田会大会を前に、慶應卒たちは大会会場で商品と交換できるチケットを購入する。チケットはいろいろなグッズなどに交換でき、特製の時計と交換するには1万円分のチケットが必要だ。

時計は人気グッズで、大会当日には交換希望者が列を成す。原価が安いことは重々承知。

約7000〜8000円分は学校への寄付金の原資となる。大会の実行委員経験者によると「大会を1回開催すれば、億単位のカネを慶應に渡せたのではないか」という。

この大会の仕組みが秀逸なのは、同期が集う年度三田会が10年刻みで実行委員を輪番していることだ。大会の準備は3年くらい前から始まるというから、大仕事だ。

卒業して10年後に1回目、20年後に2回目、30年後に3回目、40年後に4回目の順番が回ってくる。役割でいえば4回目の慶應卒は親方、3回目は実働部隊、2回目と1回目がその手伝いといったところ。毎回1000人単位の実行委員が年代を超えて協力し、大会を運営する。これを機会にして、同期や先輩、後輩らの間に人脈が築か

M.U.

人気が高い連合三田会大会のオリジナル記念腕時計。毎年デザインが変わるので集めたくなるご仁も

れるのだ。

もう一つの卒業25年記念事業は、卒業して25年目に慶應から大学の卒業式と「塾員招待会」なる催しに招待されるものだ。同じタイミングで卒業25年目の同期が集う年度三田会は、仲間で助け合う「社中協力」の精神の下、経済的に困窮する学生に給付する奨学金資金の寄付を募る。

2016年3月23日の卒業式に招待された1991年三田会は卒業生約7000人で、寄付金の募集目標額は3000万円。1口1万円、3口以上の協力が促された。そして16年3月20日には三田会によるホテルニューオータニでの大同窓会が開催された。

この記念事業に先立ち、年度三田会は、住所不明者や実家などの古い住所を更新する名簿の整備も行う。実行委員会のメンバーらを中心に何年も前から、方々でクラス会などが開催され、人づてで住所不明者の所在などを確認していくのだ。

卒業25年目というのが「絶妙だ」と、今年主役となった91年卒のビジネスマンは感嘆する。40代後半ともなれば、一定の社会的地位を持ち、脂が乗ったころ。20代、30代に比べて時間にも金銭にもゆとりが出てくる。

このビジネスマンはそれまで慶應への寄付にも、三田会の集まりにも、まるで興味を持たなかった。しかし、記念事業を通じ「三田会人脈って実はいいかもしれない」と思い始めた。

単純な営業だけではなく、交渉事が増える中で、人脈の大切さを痛感するようになっていたからだ。

こうしたシステムの下、三田会は集金マシンとしてより高性能化し、卒業生たちのつながりは活性化されるのだ。

転職サイトの口コミに見るホンネ 慶應出身者は海外志向＆安定志向

（「ダイヤモンド・オンライン」２０１６年5月25日掲載記事と共に再編集しています）

「慶應生は海外志向や安定志向があるかもしれないですね」

慶應義塾大学出身者の特徴を同大卒のビジネスマンに尋ねると、こんな答えが少なくない。出身大学によって企業の見方や働く上での考え方に違いがあるのだろうか。そこで転職口コミサイト「転職会議」（リブセンス運営）からデータ提供を受け、出身大学別に口コミデータを調査した。

このサイトには、転職を考える会員登録者が勤務経験のある企業の口コミを投稿していくことで、他企業の評判を知ることのできる仕組みがある。口コミには企業へのホンネが詰まっており、そのデータは１５０万件を超えている。

今回はそこから慶應、早稲田大学、東京大学など有名8大学についての計約18万件のデータを抽出。名詞と動詞、またその組み合わせの言葉を切り出して登場頻度を調べ、大学別に比較したのが１６２～１６３ページの表だ。

結果、慶應出身者は「外資系」「海外」「英語」といったキーワードを他大学よりも多用していた。「大手」「安定」という言葉も浮上することから、冒頭の言葉通り、海外志向と安定志向がありそうだ。

一方、早稲田出身者に多かったのが「育児」というワード。女性の回答者が多いのかと思いきや、女性比率は23％と高くない。「育児休暇」や「子供」といった言葉にも敏感で、〝イクメン〟が多いのかもしれない。もっとも、「権利意識が高いだけではないか」（早稲田ＯＢ）という声も聞こえてくる。

東京大学出身者は「給料」の登場頻度が頭一つ抜けている。「福利厚生」も高いことから、企業への労働条件の交渉力が高いということだろう。

ユニークなのは明治大学出身者。「飲み会」や「人間関係」といった言葉が多く、職場環境を気にしていそうだ。「雰囲気」が上位に来るのもそのためかもしれない。

立教大学出身者は「スキルアップ」や「目標」「資格」など向上心の高い様子が見て取れる。企業に対して抱くホンネにも出身大学の色が出ているのだ。

大学OBは企業のここを見ている!

出身大学別の口コミデータのキーワード登場頻度

口コミデータ キーワード 登場頻度	分類	海外志向 慶應	“イクメン” 早稲田	給料重視 東京	職場“空気” 明治	女性的 青学	向上心 立教	契約形態 中央	残業敏感 法政
外資系	グローバル	0.33	0.21	0.20	0.17	0.25	0.19	0.16	0.13
海外	グローバル	1.74	1.19	1.11	0.82	0.99	0.85	0.97	0.83
英語	グローバル	0.88	0.48	0.58	0.34	0.49	0.58	0.38	0.33
大手	会社・制度・待遇	0.91	0.70	0.82	0.73	0.69	0.72	0.66	0.72
将来性	会社・制度・待遇	0.47	0.39	0.45	0.40	0.40	0.07	0.39	0.42
安定	会社・制度・待遇	0.98	0.90	0.87	0.90	0.82	0.79	0.80	0.84
業績	会社・制度・待遇	1.50	1.20	1.03	1.09	1.08	1.49	1.25	1.13
住宅補助	会社・制度・待遇	0.80	0.45	0.61	0.39	0.37	0.27	0.41	0.43
若手	職場環境	1.08	0.80	0.67	0.69	0.66	1.01	0.71	0.62
自由	職場環境	0.91	0.91	0.82	0.82	0.77	0.87	0.76	0.78
充実	職場環境	1.97	1.59	1.79	1.40	1.43	1.59	1.36	1.32
成長	キャリア	1.95	1.65	1.82	1.39	1.48	1.40	1.39	1.32
能力	職場環境	1.31	1.15	1.26	0.97	1.01	1.19	1.03	0.97
育児休暇	プライベート	0.19	0.70	0.18	0.66	0.66	0.08	0.68	0.67
育児	プライベート	0.52	1.70	0.47	1.53	1.54	0.25	1.57	1.45
子供	プライベート	0.17	0.46	0.24	0.40	0.42	0.20	0.39	0.40
ワークライフバランス	プライベート	0.18	1.13	0.22	0.95	1.02	0.13	0.98	0.91
社風	職場環境	0.73	1.34	0.89	1.27	1.27	0.99	1.19	1.19
やる気	職場環境	0.70	0.62	0.94	0.62	0.63	0.88	0.68	0.61
給料	会社・制度・待遇	2.15	1.91	3.14	1.96	2.09	2.78	2.01	2.13

口コミデータ キーワード 登場頻度	分類	慶應	早稲田	東京	明治	青学	立教	中央	法政
福利厚生	会社・制度・待遇	2.12	1.55	**2.16**	1.46	1.44	1.21	1.38	1.37
雰囲気	職場環境	2.16	2.57	2.43	**2.60**	2.52	1.58	2.35	2.46
社長	職場環境	1.35	2.03	1.69	**2.19**	2.18	1.18	2.07	2.05
飲み会	職場環境	0.17	0.29	0.21	**0.32**	0.31	0.17	0.30	0.29
人間関係	職場環境	0.30	0.80	0.50	**0.83**	0.81	0.42	0.68	0.77
女性	職場環境	1.05	5.89	0.98	5.59	**6.02**	1.16	5.48	5.26
結婚	プライベート	0.20	0.64	0.18	0.63	**0.74**	0.20	0.64	0.64
家族	プライベート	0.30	0.43	0.32	0.42	**0.46**	0.25	0.38	0.40
時短	会社・制度・待遇	0.07	0.41	0.06	0.33	**0.43**	0.07	0.37	0.33
体育会系	職場環境	0.16	0.32	0.31	0.34	**0.39**	0.18	0.38	0.35
スキルアップ	キャリア	0.89	0.65	1.10	0.71	0.68	**1.42**	0.70	0.70
資格	キャリア	1.03	0.75	0.93	0.94	0.84	**1.52**	0.96	1.09
モチベーション	会社・制度・待遇	1.92	1.22	2.06	1.34	1.24	**2.29**	1.22	1.27
目標	職場環境	1.22	0.99	1.11	1.00	0.99	**2.02**	1.01	1.07
達成する	職場環境	0.30	0.25	0.23	0.29	0.28	**0.52**	0.27	0.33
派遣	会社・制度・待遇	0.49	0.65	0.74	0.88	0.92	0.88	**1.00**	0.99
契約社員	会社・制度・待遇	0.25	0.26	0.21	0.36	0.33	**0.40**	**0.40**	0.32
有給休暇	会社・制度・待遇	0.42	0.43	0.31	0.43	0.38	0.21	0.46	**0.47**
残業	職場環境	3.95	5.01	4.40	5.36	5.44	4.66	5.45	**5.59**
休日出勤	職場環境	0.20	0.40	0.31	0.49	0.46	0.24	0.51	**0.55**
定時	職場環境	0.26	0.59	0.33	0.63	0.70	0.18	0.71	**0.75**
口コミデータの女性比率(%)		**21**	**23**	**18**	**21**	**32**	**34**	**23**	**23**

*出身大学別計約18万件の口コミデータのテキストマイニングを実施。動詞と名詞からキーワードを拾い、それぞれがどれぐらいの頻度で登場したのかを見て、ある程度ばらつきのある言葉を選出。単位はパーミル(1000分の1)。企業の評判から求人まで分かる転職口コミサイト「転職会議」よりデータ提供を受け、本誌編集部作成

早稲田は〝一匹狼〟のまま？稲門会が企てる逆襲劇

「卒業生は慶應より多いのに、数の力を全く生かせていない」「群れを成して経営する大企業では慶應の方が出世しやすい」

私学の両雄として慶應義塾大学と比較されることの多い早稲田大学だが、企業に勤める当の早稲田ＯＢに慶應との出世力の違いを問うと、こんな自嘲気味の答えが返ってくる。

ＯＢ組織である早稲田大学校友会は、慶應をはるかにしのぐ会員数61万人（１０３ページ表参照）を誇るが、その結束力のなさ故に年会費や寄付金の集まりも慶應に見劣りする。

そこで早大校友会が近年、てこ入れを図るのが資金力の強化だ。

早大校友会の主な資金源は、１人５０００円の年会費。この年会費が思うように集まらないのが悩みだったが、２００６年度以降、在学生から10年分の年会費を授業料と合わせて徴収する仕組みに変えた。これにより納入率は会員の約38％に底上げされたという。

また寄付の金額に応じて表彰する制度もある。

1億円以上の寄付者には、イオン名誉会長相談役の岡田卓也やファーストリテイリング会長兼社長の柳井正ら、早稲田OBの財界大物が名を連ねる。

15年度寄付金の2割が海外

中でも累計約20億円という超高額寄付者が、台湾の大手食品事業グループ、頂新国際集団総裁の魏應州だ。こうした海外からの金銭寄付は近年増加傾向にあり、15年度に集まった約40億円のうち、約2割が海外からの寄付だった。

早稲田は現在（16年時点）、総合大学で最多規模の約5000人の現役留学生が在籍する。これら留学生が卒業後に帰国し現地のビジネスで成功すれば、大口寄付者になってくれる可能性もある。

アジアの成長を取り込もうと、韓国と台湾では元留学生のための校友会をすでに設立しており、これをモデルに全世界へ広げたい考えだ。

5000人の約半数が中国からの留学生だが、中国人留学生の受け入れは19世紀にすでに始まっており、その歴史は古い。

中国共産党の創設者らを輩出したことは中国では知られており、江沢民、胡錦濤という歴代国家主席が2代続けて講演を行った大学は早稲田が唯一だ。北京大学や復旦大学などと提携し、卒業時に相互の学位を取得できるプログラムを設けるなど、中国での知名度を生かしたブランド戦略を描く。

国内ビジネスの世界では、慶應に押されている早稲田。ＯＢ早慶戦での逆転を模索する。

M.U.

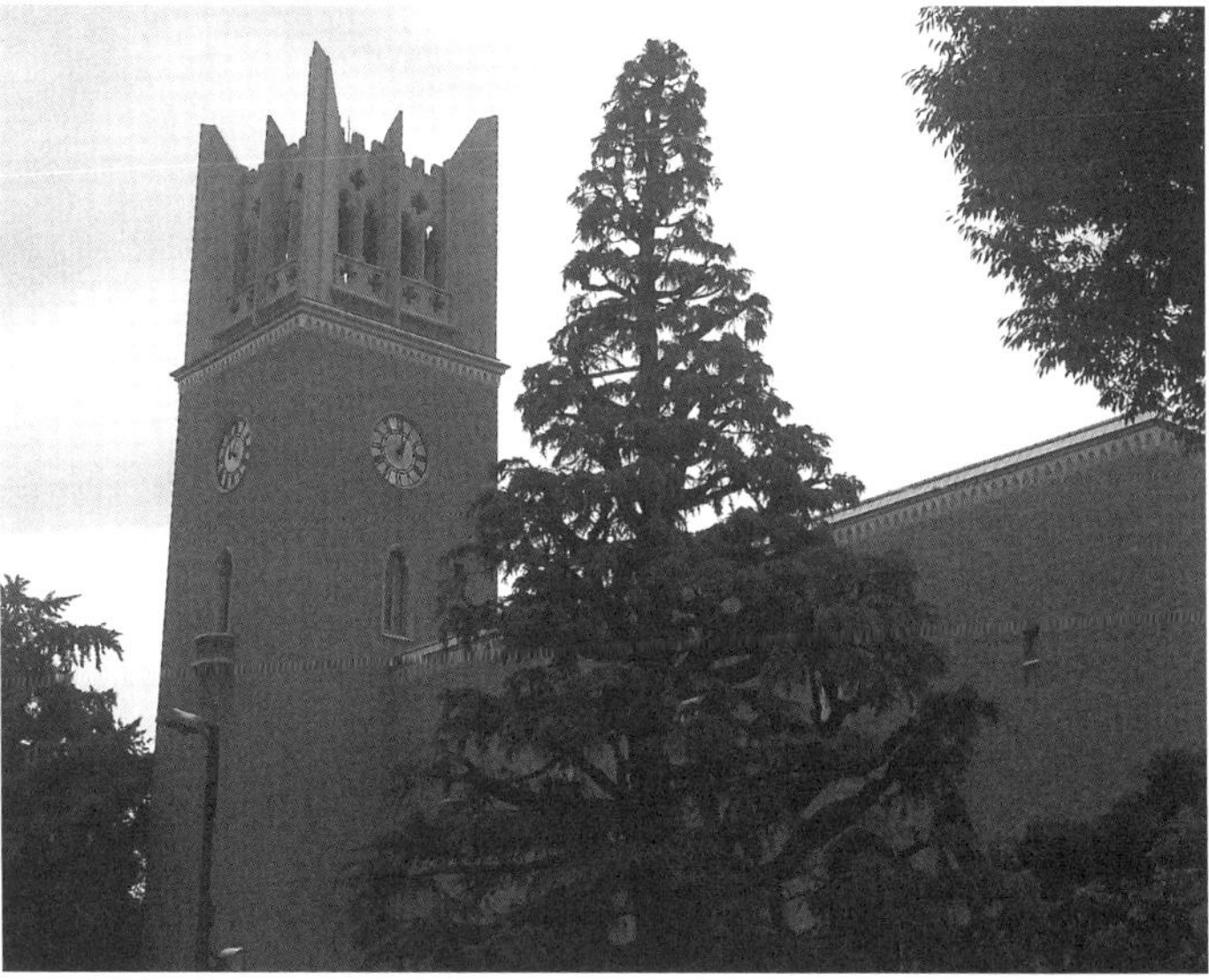

イオン名誉会長相談役の岡田卓也やファーストリテイリング会長兼社長の柳井正らは早稲田OB。留学生も多い

Interview 7

OB組織のグローバル化に勝機

福田秋秀

早稲田大学校友会代表幹事

——早稲田大学を卒業したビジネスマンの特徴は何でしょうか。

危機に強い。会社にトラブルがあったときに強く、平時は慶應に負けてしまう。あくまで実感としてですが、2008年のリーマンショックのころは早稲田出身の経営者が多かったように思います。

なぜなら早稲田OBは個性的。リーダーシップが要求される危機時に力を発揮します。例えばユニクロ（を展開するファーストリテイリング）の柳井正会長兼社長や日本化薬の萬代晃前社長のように、個性的な経営者が多い。

——早稲田出身の経済人が集う懇親会を始めました。

企業の役員クラス以上が出席する「WASEDA稲門経済人の集い」を立ち上げました（11年）。大隈講堂で鎌田薫総長らが大学の近況を報告し、都内ホテルで交流会も催します。16年は約600人が集まり、三井造船の加藤泰彦会長があいさつしました。

——なぜ、立ち上げたのですか。

各企業にはＯＢ会として職域稲門会があります。慶應は職域三田会を非常に大事にしているが、早稲田はあまり力を入れてこなかった。早稲田出身者は群れることを好みませんから。結果として職域稲門会の力が弱まり、かなり分散してしまった。しかし早稲田ＯＢが各企業で活躍していることは間違いない。だから、そういう人たちを別の角度からサポートしたかった。

組織の中で一つの集まりをつくるのはどうかな、という思いはありますが、経済人の横のつながりはあってもいいいと感じます。

——稲門会も三田会のように変わるのでしょうか。

Takeshi Shigeishi

ふくだ・あきひで／1940年生まれ。64年、早稲田大学第一商学部卒業後、67年に福田プレス工業（現エフテック）入社。85年エフテック社長、2002年同会長、13年同相談役。08年6月より早大校友会代表幹事。

早稲田は一匹狼。そういう伝統はあっていい。しかし私たちがイメージしている早稲田ブランドを経済界にもう少し売り出してもいいと思います。

昔は職域稲門会でそれを狙ったのかもしれない。しかしだんだんと火が弱まっていった。消えかかった火を、もう一度別の角度から燃え上がらせたい。いろんな業種が参加し、経営者として一つのつながりを持ちたい。

――やはり三田会に負けたくないからですか。

早稲田は早稲田の生き方でいいと思いますが、ＯＢとしてはトップレベルを譲りたくない。私は長く自動車部品業界にいますが、30年前までは国内取引が１００％でした。今は10％しかない。国内ではなく海外で戦わないといけない時代になりました。グローバルな市場では、早稲田の個性の強さが武器になる。勝ち残るために必要なのは、群れることではなく、個性の強さだと思う。群れていては変化の激しい市場で勝ち残れません。

――三田会の結束力の秘密は何だと考えますか。

慶應は昔から努力してきた。分かりやすく言えば進学の誘導。子供のころから幼稚舎（小学校）へ誘導し、結束力を強めてきました。

早稲田実業学校も02年に初等部（小学校）を開校しましたが、慶應は１００年以上前に先行している。国内の進学熱の高まりもあって、この20～30年の間にそれが定着したように思います。私が学生だったころ、早稲田と慶應に合格したら、多くが早稲田を選んでいた。早稲田はそういう意味でてんぐになっていたのではないか。今は慶應を選ぶ学生の方が多いと聞きます。

——稲門会の最大の課題は何でしょうか。

私学が勝ち抜くためには今、寄付金が欠かせない。早稲田も年間約40億円の寄付を集めているが、慶應には圧倒的に劣る。慶應は（寄付金活動に）徹しています。早稲田の卒業生は皆、母校愛はあるけど、なかなか寄付をしてくれない。愛と金は別、という考え（笑）。これを変えないといけない。

——どうやって変えるのですか。

早稲田ブランドをもっと売り出さないといけません。

実は寄付者の中には、早稲田で学び帰国した台湾、韓国、中国の方も多い。稲門会は世界60カ国以上にありますが、多くは駐在員のための組織。これからは現地の卒業生も組織化したい。国籍の壁を越えてOB会としてもグローバル化することが未来の姿だと思う。

多様性を受け入れ、変化を恐れない早稲田はそれができる大学。日本人だけで群れるのではなく、世界に貢献したい。

山田真市／アフロ

Part 4

王国の源泉

幼稚舎から始まる社会

政治家や一流企業の経営者の子息が入学する慶應幼稚舎。
慶應の本流とされる華麗なる「幼稚舎組」は
どんな人生を送るのだろうか。
彼らの源泉と人生をたどった。

幼稚舎、ラグビー部、経営者　イケメン社長の華麗なる半生

1985年1月6日。グラウンドに響き渡ったノーサイドを告げる笛の音とともに、ある男たちの青春が幕を閉じた。

慶應義塾大学対同志社大学のカードで行われた全国大学ラグビー選手権の決勝戦。6対10で同志社の勝利に終わった一戦は、3連覇を目指す最強、同志社を慶應が追い詰めたことから、ラグビーファンの間で〝伝説の決勝〟として語り継がれている。

あと一歩のところで、惜しくも苦杯をなめた慶應。現在、老舗の名刺会社である山櫻で社長を務める市瀬豊和も、そのときピッチに立っていた。

幼稚舎（小学校）から慶應に通った市瀬は、世にいう「THE慶應ボーイ」。甘いマスクと鍛え上げられた肉体に加え、華麗な経歴を持っている。

「幼稚舎組」の市瀬は70年に慶應幼稚舎に入学。制服を身にまとい、学校がある東京・広尾までバスと電車を乗り継いで通った。

ラグビーを始めたのは、部活動への参加が認められる11歳のとき。「慶應幼稚舎には野球部やサッカー部がないので、運動好きの男子のほとんどがラグビー部に入った」（市瀬）という。

普通部（中学校）に進学してからは練習がハードになり、ラグビー一色の生活に。高校時代には毎日15時から18時まで練習に励み、高校生の全日本代表に選抜された。

そして大学4年の冬。時は大学ラグビー人気の絶頂期で、決勝戦が行われた国立競技場に6万人近い観客が詰め掛けた。4点差で迎えた試合終了直前、慶應が同点トライを奪ったかに見えたが、無情にも反則の判定を下され、〝幻の得点〟となった。

今でも、共にピッチに

H.I.

ラガーマンの面影が残る市瀬の執務室には、慶應のロゴが入ったラグビーボールが飾られている

立ったメンバーと集まれば「あれは反則じゃなかったよな。良い思い出だな」と笑い合う。

ちなみに、大学時代はファンからファンレターやバレンタインデーのチョコレートが届くなどモテモテ。しかし、「合宿と練習で、まともに恋愛をしている時間はなかった」（市瀬）そうだ。

経営者を大量輩出したラグビー部〝奇跡の世代〟

大学卒業後は、第一勧業銀行に入社。「就職ではOBの先輩にお世話になった」という。慶應ラグビー部員の就職活動は特殊だ。OB会の黒黄会に、学生を支援する就職担当理事がおり、大手商社や銀行などの有名企業で働くOBと学生をつなぐのだ。

一見、〝コネ入社〟にも思えるが、ビジネスの場でも彼らはきっちりと結果を残している。特に、市瀬の同年代の活躍は目覚ましく〝奇跡の世代〟と称されるほどだ。

玉塚元一（ローソン社長）、生田久貴（ミクニ社長）、谷口宗哉（三菱東京UFJ銀行常務執行役員）……。創業者である祖父の後を継いで山櫻の社長になった市瀬をはじめ、一流企業の社長や役員ばかりだ（177ページ表参照）。

「なぜ、活躍できるのか」との問いに彼らは口をそろえる。「命懸けで励んだ合宿や練習を思い出せば、どんなハードワークにも耐えられますから」。

“奇跡の世代”と呼ばれた

1984~87年度卒業の主なラグビー部OB

監督名	主な職歴	卒業年度	ポジション
上田昭夫	フジテレビジョン ニュースキャスター	1974年度 (元日本代表)	—
選手名	**現職**	**卒業年度**	**ポジション**
市瀬豊和	山櫻社長	84年度	ウイング
玉塚元一	ローソン社長	84年度	フランカー
谷口宗哉	三菱東京UFJ銀行 常務執行役員	84年度	ウイング
林 雅人	東京ガスラグビー部 ヘッドコーチ	84年度	フランカー
松永敏宏	エフ・エム・アイ代表取締役	84年度(元日本代表)	センター
村井大次朗	アジアミネラル・ジャパン 代表取締役	84年度(元日本代表)	フルバック
生田久貴	ミクニ社長	85年度(元日本代表)	スクラムハーフ
清水周英	永谷園取締役	85年度	スタンドオフ
中野忠幸	みずほ信託銀行 大阪信託総合営業部長	85年度(元日本代表)	プロップ
若林俊康	三菱地所経理部主事	86年度(元日本代表)	ウイング
福澤克雄	TBSテレビディレクター・ 演出家	86年度	ロック
柴田志通	シーシーディ運営本部長	87年度	ロック

*本誌編集部作成

かつて、ラグビー部のチームメイトが仕事仲間になったこともあった。94年に本社ビルを改装した際、担当したのは、当時、清水建設で働いていたラグビー部の同期、林雅人（現在は東京ガスラグビー部ヘッドコーチ）だった。

市瀬はラグビー関係以外の三田会活動には積極的ではなかったが、数年前に転機が訪れた。卒業25周年に行われる卒業生のパーティーの席で、毎年秋に開催される連合三田会大会の実行本部長を任されたのだ。

市瀬が担当したのは、2015年開催の大会。仕事の合間を縫い、5年前から少しずつ準備を進める中で、「慶應の先輩や後輩との会合にも積極的に顔を出した」（市瀬）。

三田会で培った人脈がビジネスに生きたことも。とある三田会で物流会社マイルエキスプレスで社長を務める岡田知也に出会い、後日、商品物流に関する悩みを相談。今では、岡田が山櫻の物流の一部を受け持っている。

幼稚舎に通い、ラグビーで活躍した経営者。ピカピカの慶應ボーイだが、「特別なことなんてないんだけどなぁ」と市瀬は言う。

最近は、15年の大会実行本部のメンバーらと飲みに行く機会が多い。店はもっぱら三田の学生街の安い居酒屋だ。「ほらね、普通のおっさんでしょ」。少年のようにはにかむ笑顔に、本物のエリートの品格がにじんでいた。

銀座に溢れる三田会旦那衆
慶應で子弟を育てる街の流儀

「真二が1000万円だったから、私は遠慮して800万円にしておいたの」——。おいの服部真二・セイコーホールディングス（HD）会長を養子にしたセイコーHD元名誉会長の故・服部禮次郎の妻、悦子は、三田会への自身の寄付金額について、こう話したことがあった。

禮次郎は連合三田会会長を務めるなど、三田会で絶大な影響力を示したご仁だ。服部家のお家騒動が連合三田会の運営にも飛び火したほど。その禮次郎はセイコーHDの子会社である和光が鎮座する銀座でも、絶大な影響力を持っていた。

銀座には「銀座慶應会」なる三田会がある。健在だったころの禮次郎が始めた。年に4回、昼食会を開き、経営者や学者を招いて講演を聞く。12月の会合では、夕方からクリスマスパーティーが催される。

入会資格は明確ではないが、当時の慶應倶楽部（184ページ参照）と同様に、禮次郎との個人的なつながりで決まる部分が大きかったとみられる。「慶應出身の銀座の商店主でも、入っていない人がいる」（関係者）からだ。現代表は、ワシントン靴店会長の東條英樹が務めている。

銀座の街は慶應の人脈が縦横無尽に広がっている。181ページの地図をご覧いただきたい。本誌の取材で判明した分だけでも、三田会旦那衆が溢れんばかりだ。

彼らは銀座に本店や本社を置いたり、銀座発祥である商店や企業で代表を務めるなど影響力を持っている。資生堂名誉会長の福原義春ら、銀座の重鎮である福原一族もまた、慶應出身者が多い。

ただし、ようかんで有名な虎屋の社長である黒川光博、松屋の名誉会長で、銀座通連合会会長も務める古屋勝彦ら、学習院大学出身者も、一定の存在感がある。

S.O.

慶應人脈が深く、静かに幅を利かせるのが銀座の街だ

銀座は慶應だらけ!

慶應出身者がトップの銀座のお店

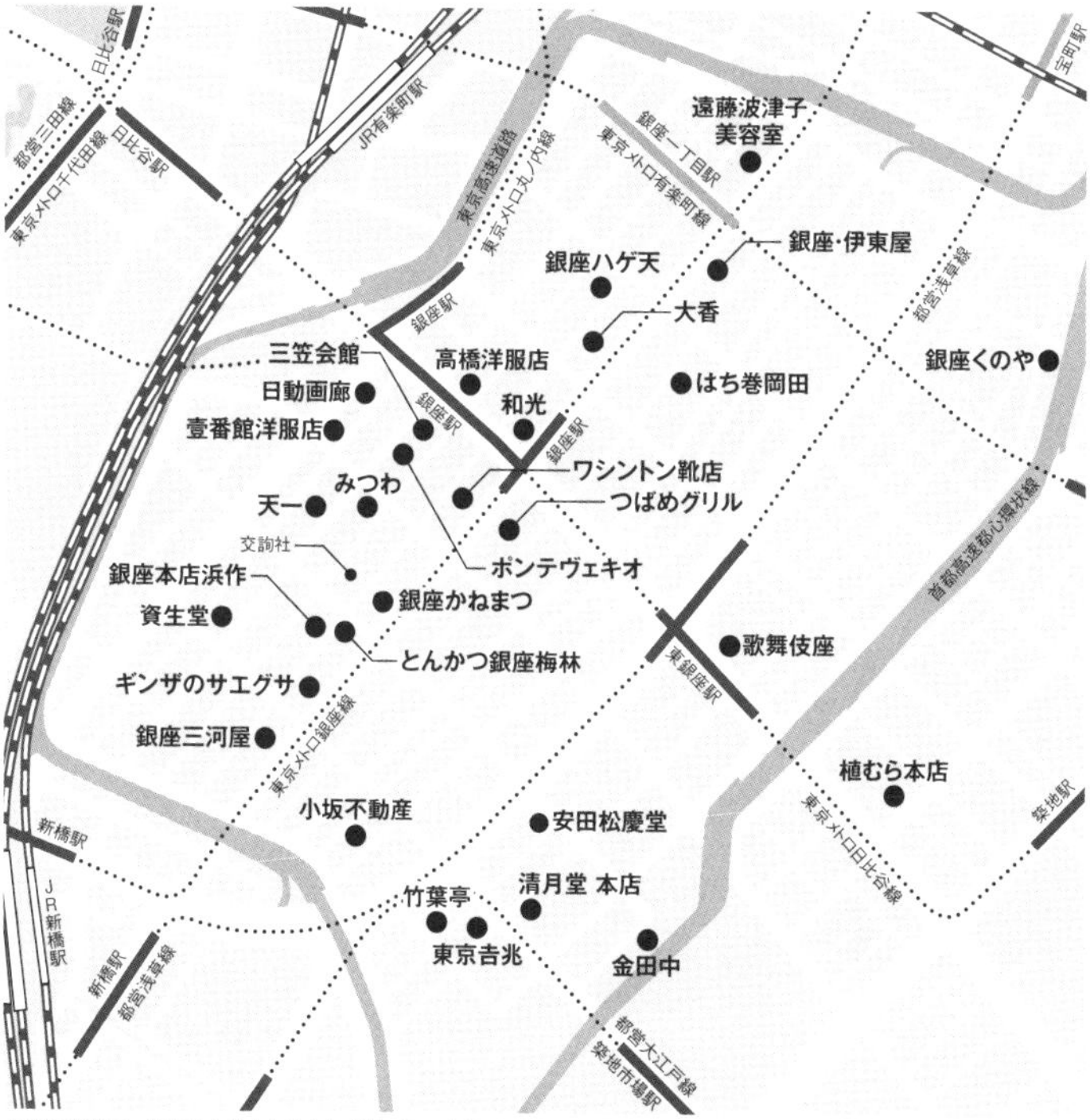

＊銀座発祥で、銀座に本社または主な店舗がある企業。取材を基に本誌編集部作成

基本的に銀座の街では、全銀座会の傘下に、各通りと、町内ごとの商店会があり、街づくりやイベント運営は、基本的にはこうした組織で意思決定がなされる。

慶應出身者ばかりで集まっていると外部に知られては、「慶應出身でない商店主や顧客から反感を買う」（関係者）ため、銀座慶應会は外からはうかがい知れないよう、静かに活動してきた。

それでも、「銀座の商店主の子息が早稲田を受けるなんて言うと、『ええ?』と驚かれる」というのが、今も昔も銀座の気風だ。ある商店主は「ジャーナリストや政治家志望が多い早稲田大学より、多くのビジネス人材を輩出してきた慶應の方が、商売人である銀座の人間と合うのだろう」と話す。「銀ブラ」の語源は諸説あるが、慶應の学生の間で戦前、三田かいわいから出てきて、銀座の街をぶらぶら歩くのが流行したから、ともいわれ、銀座と慶應のゆかりはいかにも深い。

高級料亭の子弟では、慶應を出て自ら料理修業をするケースもあるし、卒業後にメガバンクや大手企業で勤務してから家業を継ぐ者も多い。いずれにせよ、家業を継げば、慶應人脈はそのまま重要な顧客となる。

三井不動産は慶應ツートップで交詢ビル施設を取得

そんな銀座の街づくりで、ひときわ存在感を放つ企業が三井不動産だ。同社は、銀座にある多くの商業ビルでテナントのマネジメントを請け負っている。

三井不動産の本拠地はお隣の日本橋であり、銀座発祥の企業ではない。にもかかわらず、銀座6丁目に位置し、一般財団法人交詢社が入る交詢ビルディングでは、老朽化で旧ビルを建て替えていた2004年、三井不動産がビル内の商業施設と一部オフィスフロアの取得を決めてみせた。

当時の三井不動産会長は故・田中順一郎、社長は現会長の岩沙弘道。慶應卒がツートップを占めていた。

銀座を、そして慶應を代表する再開発プロジェクトに何としても関わろうと「建て替え工事を請け負った清水建設を含め、三田会人脈を駆使したのは間違いない」と不動産業界関係者。清水建設もまた、ゼネコン業界でもとりわけ、慶應出身の社員が多い。

さらに、社長時代の田中が、セイコーHDが銀座に所有する土地を得意先に取得させるため、服部禮次郎に直談判して認めさせたという話も、〝伝説〟として関係者の間で知られている。みずほフィナンシャルグループと関係の深いセイコーHDに三井不動産が切り込むため、三田会という切り札が役立ったのかもしれない。

世界的に注目される銀座の再開発や土地の取引をめぐっても、「ファンドの関係者が慶應出身であるなど、三田会人脈が明に暗にものをいう」（前出の関係者）。

地元商店主にとっても「相続発生時の土地の売買や、自社ビルのテナント追い出し時などに、地元の有力者同士で話し合うのが、自然と慶應出身者同士の話し合いになる」（ある銀座関係者）。銀座ではどこを切っても、「三田会」が顔を出すのだ。

知られざる「慶應倶楽部」セレブが集うサロンの全貌

「会員になって最もうれしかったのはね、慶應倶楽部」。さまざまな三田会に入る慶應義塾卒の財界人はこと誇らしげにほほ笑んだ。「慶應倶楽部？ 何それ？ 交詢社と東京三田倶楽部なら知っているけど」。別の慶應卒ビジネスマンたちはそう言って首をかしげた。

慶應卒であっても慶應倶楽部の存在を知る者は少ない。会員によると「慶應卒のための最もセレブな集い」。それが慶應倶楽部だ。

そもそも東京には、慶應卒が集う二つの常設サロンがある。一つは銀座にある交詢社。福澤諭吉の主唱により1880年につくられた日本最古の社交機関で、現在は鳥居泰彦・元慶應義塾長が理事長を務める。格式が高く、大物たちが集う。出身大学は問わない。

もう一つは日比谷の帝国ホテル内にある東京三田倶楽部。会員数約900人で慶應卒のみが入会できる。交詢社よりも間口は広く、会員に連れられて足を運んだことのある慶應卒は少なくないだろう。

一方で慶應倶楽部は常設のサロンを持たない。月に1回、帝国ホテルやパレスホテルでゲストスピーカーを招き定例昼食会を開催する。会長は、作家の山崎豊子が書いた小説『華麗なる一族』のモデルとなったともいわれる岡崎財閥で、あいおいニッセイ同和損害保険顧問（元同和火災海上保険社長）の岡崎真雄だ。

会員数は413人。銀座や日本橋にある老舗店の創業一族から大企業の経営者まで、眩いメンツがズラリとそろう。

交詢社に対抗した慶應倶楽部と東京三田倶楽部

歴史をたどれば、慶應倶楽部、東京三田倶楽部はどちらも交詢社に対抗して作られた。慶應倶楽部は1921年、慶應卒のためのユニバーシティークラブとして、20代や30代の若手を中心に結成。その一人は三菱商事元社長である三村庸平の父で旧三菱銀行役員を務めた、若き日の三村稱平だった。

設立当時は交詢社があるのに余計なことをしたと慶應義塾から煙たがられたが、その後に塾との関係は良好となり、交詢社ビルに常設サロンを持っていた時代もある。

慶應倶楽部の存在を知る慶應卒ビジネスマンは「憧れるけどハードルが高い」とこぼす。確かに会長を長年務めてきたセイコーホールディングス元名誉会長の故・服部禮次郎のお眼鏡にかなわないと入会は難しかったようだ。岡崎が会長を引き継いだ近年は、間口を広げているとの声もある。

「現役塾員（慶應卒）の交流の場にしたい」と30代や40代を中心に発足した東京三田倶楽部は74年の設立。交詢社とは異なり、気楽に訪れることができるのが売りで、「ＯＢの学食」をうたった。

当初は60歳の定年制を設けたが、設立当時に入った会員の数が多く、運営的にも心情的にも彼らの退会が忍びないとして２００２年に定年を65歳に延長、10年には定年制を廃止した。

慶應倶楽部、東京三田倶楽部共に、会員２人からの紹介があれば入会のチャンスはある。もっとも、審査を通るかどうかは保証の限りではない。

T.S.

帝国ホテル内にある東京三田倶楽部だが、気軽さが売りというだけあって、内装は至ってシンプル（写真上）。バーカウンターには当直テーブルがある（写真下）。当直は会員が担当し、誰でも楽しめるようにホスト役を務める

Interview 8

慶應に代々縁があり会長に

1958年経済学部卒

岡崎真雄

慶應倶楽部会長

――慶應義塾の卒業生でも慶應倶楽部を知らない人が多いようです。

知らないですか（笑）。5年後（2016年時点）には設立から100年になります。毎月1回の例会ではスピーカーをお呼びして昼食会を開き、毎回60~70人が参加。とても勉強になりますよ。

――存在を知っている卒業生は「近寄り難い」と。でも「交詢社よりも憧れる」と。

交詢社もいいですよね。あちらの方が日本工業倶楽部みたいにかっちりとしていて、慶應倶楽部はどちらかというと、もっといいかげんですね（笑）。

入会は決して難しくはないんですよ。大勢に入ってもらうに越したことはないですし、会員にはお知り合いでふさわしい方がいたら紹介してほしいと言っています。

――でも、新卒社会人がすぐに入りたいと言っても難しいですよね？

それはそうかもしれませんね。年代で見ると会員は昭和20年代卒から60年代以降の卒業生までいて、30年代～40年代卒が特に多いかな。西室泰三さん（東芝名誉顧問・元社長。編集部注：17年死去）もずっといらっしゃっていましたし、福澤武さん（三菱地所名誉顧問・元社長、福澤諭吉の曽孫）や、福澤さんと幼稚舎から一緒の北里一郎さん（北里研究所相談役、明治製菓元社長）、清原武彦さん（産業経済新聞社相談役・元社長）なんかもよくお見えになります。

――会員は大企業の重鎮だけでなく、銀座や日本橋の老舗の方も多い。

銀座に和光をお持ちの服部禮次

K.S.

おかざき・まさお／1935年兵庫県生まれ。85年同和火災海上保険社長、98年会長。あいおいニッセイ同和損害保険顧問

郎さん（故人）が会長を長年されていましたから。福澤諭吉先生について生き字引のようにお詳しく、連合三田会の会長も務めて、とてもご熱心だった。だから銀座の方々は入ろうと思ったでしょうし、服部さんに誘われましたしね。私は神戸出身ですけど。祖父も父も慶應卒で評議員もやって代々慶應にはご縁があり、慶應倶楽部会長もお引き受けしました。

――東京だけでなく全国から集まっているんですか？

最近はそうですね。どちらにお住まいの方でも構いません。顔を広くするというと言葉は悪いかもしれませんが、東京になじみをつくって、場合によってはご商売も頼みやすくしたいという狙いもなきにしもあらずなんでしょうか。

――商売っ気を出すのはタブーとも聞きます。

いいんですよ、別に。やっちゃいけないということはない。頼みやすい方ができてくれば、それもあるでしょう。でも、そんなことばっかりしていたら、「あの方は……」と逃げられるようになっちゃうかもしれないですが。

慶應倶楽部に限らず、初対面でも何かの拍子に慶應何年卒と聞くと、親しくなりやすいですよね。仲間内で困っている人が、損得抜きで会いに行って面倒見てやろうというのも結構あるし。金銭が絡むとややこしいこともあるだろうけど、せめて精神的にとかね。慶應にはそういう雰囲気があります。

M.U.

慶應の三田キャンパス。福澤諭吉は、三田に住んでいた

小泉改革の裏にも慶應あり 政界で早稲田を凌ぐ三田会

その数83人――。現在（2016年時点）、国会議員に占める慶應義塾大学の卒業生は、東京大学の136人に次ぎ2番目に多い。

かつては、竹下登や小渕恵三など、数多くの首相を輩出した早稲田大学が政治家輩出校として大きな存在感を示していた。

しかし、14年12月の衆議院議員総選挙で慶應が早稲田を逆転。現在の早稲田卒の国会議員は77人で第3位となっている。

卒業生数は慶應（13年度6140人）よりも早稲田（同9281人）の方が多いにもかかわらずだ。このことからも、政界において、いかに慶應卒議員が増殖しているかが分かる。

慶應卒として戦後、初めて首相に就任したのは橋本龍太郎（1959年法学部卒。在任期間96年1月～98年7月）だが、いわゆる「慶應ボーイ」としての印象が強いのは、小泉純一郎（67年経済学部卒。在任期間01年4月～06年9月）だろう。

「学閥を嫌った」（慶應義塾大学名誉教授の竹中平蔵）という小泉だが、彼の周囲には自然と慶應関係者が多く集まった。

特に、「聖域なき構造改革」と称して行った、不良債権処理や日本郵政公社の民営化には、多くの慶應OBが関わっている（193ページ図参照）。

小泉の政策ブレーンとして経済財政政策担当大臣や郵政民営化担当大臣を歴任した竹中平蔵は、出身大学こそ慶應ではないものの、入閣前は、慶應義塾大学総合政策学部の教授を務めていた。

不良債権処理や郵政民営化に携わったのは周知の事実だが、小泉内閣のメールマガジンの開始や一般市民と対話するタウンミーティングの実施を進言したのも竹中だった。

これは「ＳＦＣ（慶應義塾大学湘南藤沢キャンパス）の大学院生との雑談中に、出てきたアイデアだった」（竹中）という。ちなみに、発案者で当時大学院生だった井場崇は現在、ＳＦＣの総合政策学部で准教授の職に就いている。

竹中を政策のブレーンとすれば、元衆議院議員の中川秀直（66年法学部卒）は、自民党国会対策委員長として他党とのパイプ役を果たした番頭だ。小泉からの信頼も厚く、05年10月には政策部会である自民党政調会長に就任し、政策についても権限を握っていた。

小泉を支えた慶應ＯＢは、竹中と中川以外にもいる。第1次内閣では、衆議院議員の石原伸晃（81年文学部卒）が、第2、3次内閣では金子一義（66年経済学部卒）が行政改革・規制改革担当大臣として改革に尽力した。

また、慶應ＯＢが力を振るったのは、閣僚や党内幹部としてだけではない。時の日本郵政公社総裁を務めた生田正治（57年経済学部卒）や、規制改革・民間開放推進会議議長の草刈隆郎（64年経済学部卒）もまた慶應のＯＢである。

世襲議員も増えて増殖する慶應卒議員

なぜ、学閥嫌いの小泉の周りに慶應関係者が集まったのか。答えは政治関係者に求められる「資質の変化」にある。

小泉内閣における構造改革には、「政治手法だけでなくマクロ経済や金融に詳しい実務家が不可欠だった」（国会議員）。だからこそ、実務に強い慶應関係者が要職で活躍したのである。

今、その傾向はますます強まっている。08年のリーマンショックや昨今の中国経済の不安定化の影響で、政治家には、より専門的な経済知識が求められている。これが、慶應卒の国会議員が増殖する理由の一つだろう。

慶應卒議員が増える理由はそれだけではない。二つ目にして最大の理由は、世襲議員の増加だ。

「政治家は、幼稚舎からエスカレーター式に大学まで進学できる慶應に子息を通わせることを好む」（前出の国会議員）ため、必然的に2世、3世議員は慶應卒が多くなるのだ。確かに、慶應卒議員の一覧には、甘利明（72年法学部卒）、石破茂（79年法学部卒）、河野太郎（81年経済学部卒）と閣僚クラスの世襲議員がずらりと並ぶ（197ページ表参照）。

この状況を危惧する声も少なくない。ある永田町関係者は「実力が伴わない、親のコネだけで慶應を卒業した世襲議員が増えている」と警鐘を鳴らす。

政界ではマイノリティーである成蹊大学出身の安倍晋三首相は学閥を嫌い、「現政権では、出身大学は重要視されない」（前出の永田町関係者）。

しかし、このまま慶應卒議員が増え続ければ「安倍政権後に、三田会人脈の慶應閥ができる」（同）可能性も否定できない。

近い将来、慶應卒が国会議員数で東大卒を抜き去り、政界を席巻する日が来てもおかしくない。

2世・3世議員が多い

慶應出身の主な国会議員

議員名（年齢）	所属政党	親族の政治家
甘利 明（66）	自由民主党	甘利 正（元衆議院議員）
石原伸晃（59）	自由民主党	石原慎太郎（元運輸大臣）
石破 茂（59）	自由民主党	石破二朗（元参議院議員）
岸 信夫（57）	自由民主党	岸 信介（元首相）
河野太郎（53）	自由民主党	河野洋平（元衆議院議長）
後藤田正純（46）	自由民主党	後藤田正晴（元法務大臣）
中曽根弘文（70）	自由民主党	中曽根康弘（元首相）
橋本 岳（42）	自由民主党	橋本龍太郎（元首相）
福田達夫（49）	自由民主党	福田康夫（元首相）
松野頼久（55）	民進党	松野頼三（元農林大臣）
小沢一郎（74）	生活の党	小沢佐重喜（衆議院議員）

*本誌編集部作成

Interview 9

小泉さんは生粋の慶應ボーイ

竹中平蔵

慶應義塾大学名誉教授

私が知る中では、一緒に仕事をした小泉純一郎元首相が、最も慶應らしい政治家でした。慶應の教えの根本には、「常識を疑う」精神があります。それを小泉さんは体現していた。永田町内で多くの反感を買いながらでも、郵政民営化などの構造改革を進めたのは、その最たる例でしょう。

ただ、小泉さんは学閥を嫌っていました。今見返せば、確かに慶應ＯＢが小泉政権の要職を占めていましたが、あくまで結果論だと思います。

小泉政権以外でも、慶應は政治とさまざまな関わりを持っています。例えば森喜朗内閣のときにできた情報通信技術（ＩＴ）戦略会議。

実はこれ、慶應ＳＦＣ（湘南藤沢キャンパス）の教授陣の提言から始まったのです。教授は多忙なので、顔を合わせる機会がないのですが、試験監督を任される入試のときは、一斉に集まります。

入試の合間に、村井純教授や高橋潤二郎教授（当時）と議論をする時間は、非常に刺激的でした。その中で、「日本には、国を挙げてのＩＴ戦略が必要だ」という結論に至ったのです。そこで、後日、私と村井教授が森さんに進言に行き、ＩＴ戦略会議が設置されました。

慶應出身の政治家が増えていますが、小泉さんのような〝慶應らしい〟議員は少ないですね。今、慶應らしい議員といえば、不良債権処理に一緒に取り組んだ伊藤達也をはじめ、河野太郎、河井克行、野党だと長島昭久あたりでしょうか。

ただ、誰に一番期待しているかと聞かれれば、慶應卒ではないですが、やっぱり小泉進次郎と答えますけどね（笑）。（談）

H.I.

内部進学率は？　学費は？
早慶一貫教育を徹底比較

慶應義塾のライバルである早稲田は2002年に早稲田実業学校初等部（小学校）を開設し、慶應ばりの一貫教育システムを整備。これをもって早稲田の「慶應化」が進んだとも評される（202～203ページ図参照）。

ただ、高校から大学への内部進学率を見ると、両者のシステムの中身は明らかに異なっていることが分かる。慶應は各校9割超であるのに対し、早稲田のそれはバラバラ。早稲田摂陵高等学校に至ってはわずか10・8％だ。

国内最難関で全国の小学校の頂点に君臨する慶應義塾幼稚舎に入学した生徒の多くは、中学校、高校、大学とそのまま内部進学する。慶應の場合、より早い段階から慶應生として過ごし、大学を卒業することがステータスとなっているのだ。

一方で早稲田の生徒は、早稲田大学への入学にこだわらない者が多い。早稲田の小学校、中学校、高校の価値は「進学校」という点にあるからだ。早稲田中学校および高等学校の生徒は、東京大学や医学部を志向。大阪府の早稲田摂陵中学校および高等学校、早稲田佐賀中学校および高等学校の生徒は、土地柄に従って地元の国公立大学志向が強い。

同じ一貫教育というカタチでありながら、なぜこうも違うのか。

宗教学者の島田裕巳は、それは「各校で共有する理念の有無」に由来すると指摘する。慶應は創設者であり教育者であった福澤諭吉の精神が幼稚舎時代から根付いていく。だから慶應は内部進学者ほど精神面での結び付きが強く、卒業後の結束力も強い。

一方、早稲田の創設者である大隈重信は政治家であり、教育に口を出すことを避けた。学校における精神的な教えは薄い。故に生徒は早稲田で学ぶことに執着しないし、個人主義的になりやすいというわけだ。

さて、学費で比較すると早稲田の方が割安。一貫教育における国内トップブランドを持つ慶應は、お値段の方もお高い（204ページ図参照）。

13年に慶應義塾横浜初等部（小学校）が開設され、新たな一貫教育ルートが誕生したが、大学までのトータルの学費は2000万円を超す。小学校から大学まで、全て公立に通った場合に比べると、なんと2倍以上。その上、寄付金も付いて回る。

慶應の一貫教育は偏差値、学費、どれを取ってもハードルが高い。高根の花故、そのブランドは一層まぶしく光る。

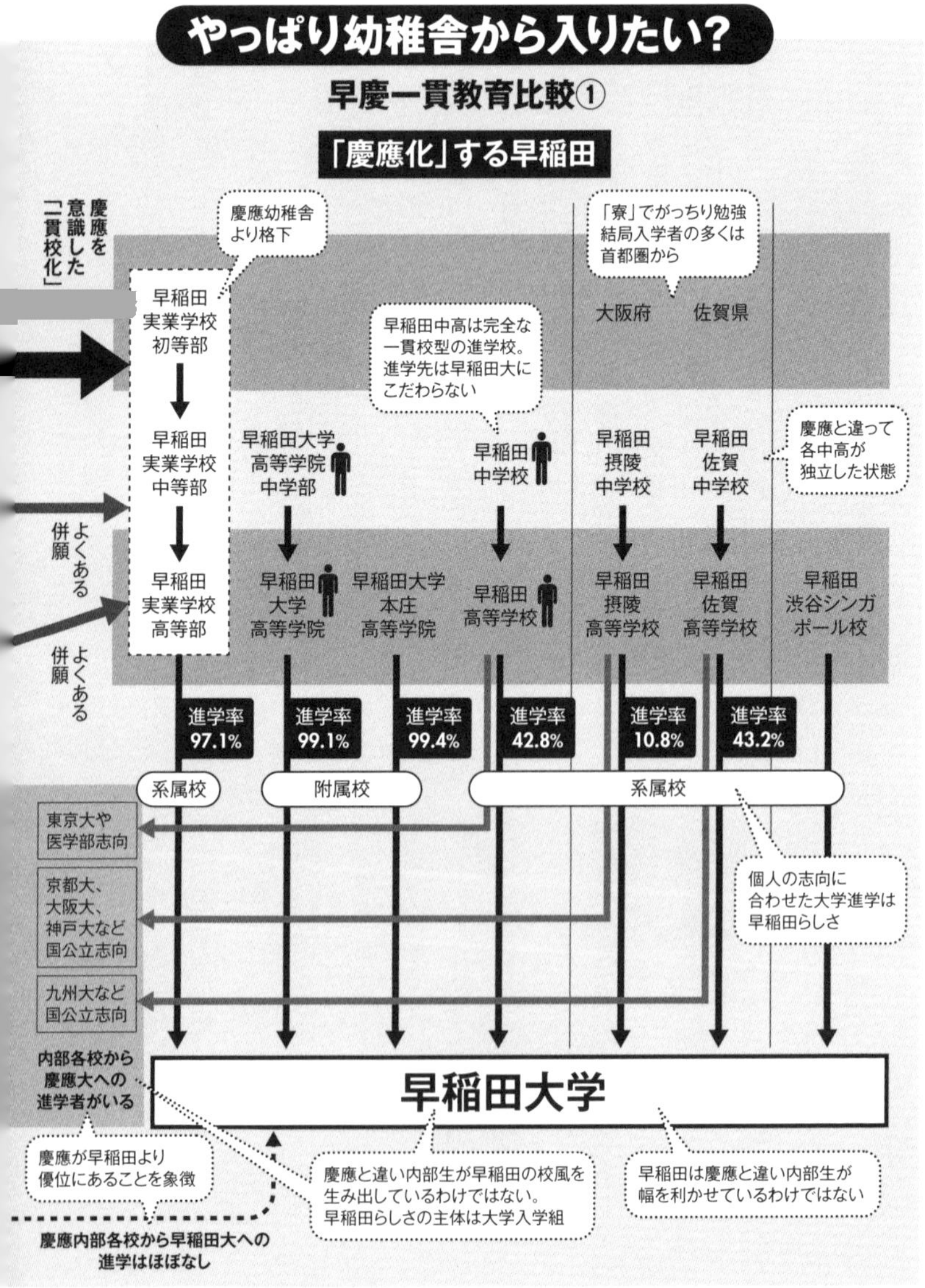

やっぱり幼稚舎から入りたい？
早慶一貫教育比較①
「慶應化」する早稲田
慶應を意識した「一貫校化」
慶應幼稚舎より格下
「寮」でがっちり勉強
結局入学者の多くは首都圏から
大阪府
佐賀県
早稲田実業学校初等部
早稲田中高は完全な一貫校型の進学校。進学先は早稲田大にこだわらない
早稲田実業学校中等部
早稲田大学高等学院中学部
早稲田中学校
早稲田摂陵中学校
早稲田佐賀中学校
慶應と違って各中高が独立した状態
よくある併願
早稲田実業学校高等部
早稲田大学高等学院
早稲田大学本庄高等学院
早稲田高等学校
早稲田摂陵高等学校
早稲田佐賀高等学校
早稲田渋谷シンガポール校
よくある併願
進学率 97.1%
進学率 99.1%
進学率 99.4%
進学率 42.8%
進学率 10.8%
進学率 43.2%
系属校
附属校
系属校
東京大や医学部志向
京都大、大阪大、神戸大など国公立志向
九州大など国公立志向
個人の志向に合わせた大学進学は早稲田らしさ
内部各校から慶應大への進学者がいる
早稲田大学
慶應が早稲田より優位にあることを象徴
慶應と違い内部生が早稲田の校風を生み出しているわけではない。早稲田らしさの主体は大学入学組
早稲田は慶應と違い内部生が幅を利かせているわけではない
慶應内部各校から早稲田大への進学はほぼなし

幼稚舎から優位に立つ慶應義塾

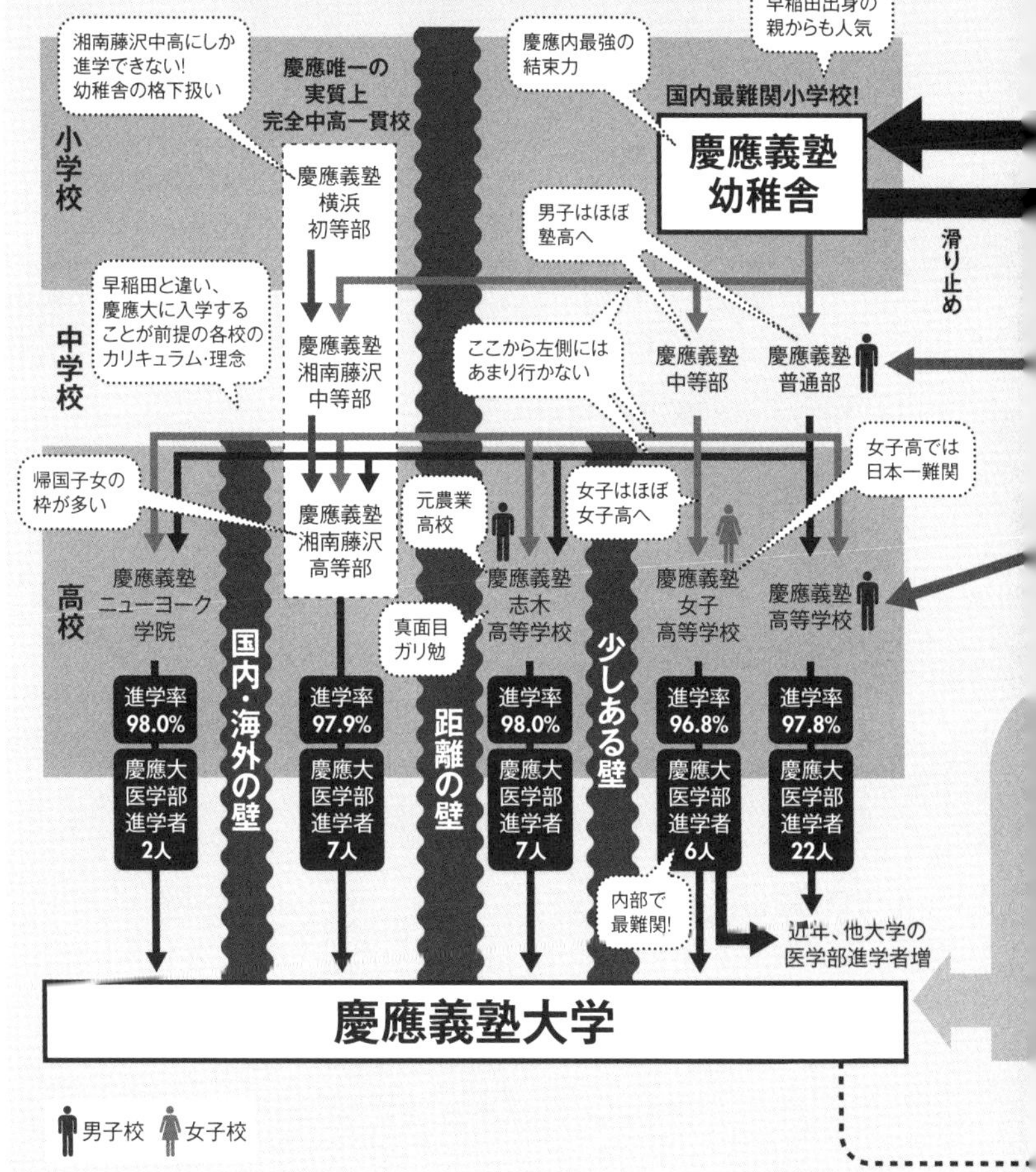

＊進学率、慶應義塾大学医学部進学者数は、大学通信のデータ(2016年4月大学入学者分)を基に本誌編集部作成

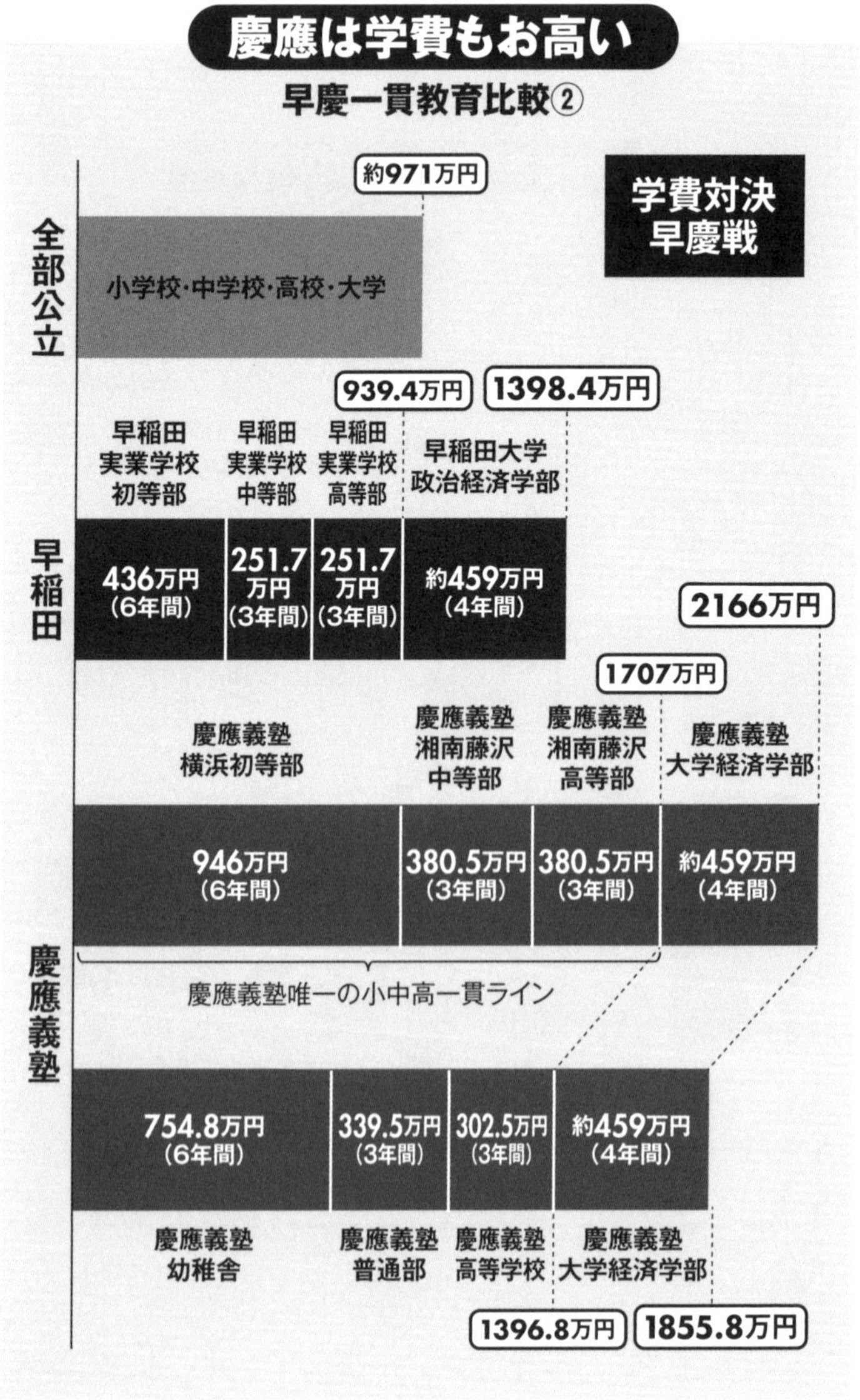
慶應は学費もお高い
早慶一貫教育比較②
学費対決
早慶戦
全部公立
小学校・中学校・高校・大学
約971万円
早稲田
早稲田実業学校初等部
早稲田実業学校中等部
早稲田実業学校高等部
早稲田大学政治経済学部
436万円（6年間）
251.7万円（3年間）
251.7万円（3年間）
約459万円（4年間）
939.4万円
1398.4万円
慶應義塾
慶應義塾横浜初等部
慶應義塾湘南藤沢中等部
慶應義塾湘南藤沢高等部
慶應義塾大学経済学部
946万円（6年間）
380.5万円（3年間）
380.5万円（3年間）
約459万円（4年間）
1707万円
2166万円
慶應義塾唯一の小中高一貫ライン
754.8万円（6年間）
339.5万円（3年間）
302.5万円（3年間）
約459万円（4年間）
慶應義塾幼稚舎
慶應義塾普通部
慶應義塾高等学校
慶應義塾大学経済学部
1396.8万円
1855.8万円

Part 5

王国の序列

強者のアキレス腱

幼稚舎入学組、大学入学組、文系学部御三家、SFC……。
入学時期や学部によって、
さまざまな“区別”が存在する慶應王国は、
実は一枚岩ではない。
王国内の序列と構造を解剖した。

慶應内序列を完全解剖 最大勢力は文系御三家

1999年からの約3年間は、代々慶應義塾に通う「慶應ファミリー」にとって幼稚舎入学の暗黒期だった。幼稚舎から慶應に通い、都内に勤める男性は、「この時期に息子の受験がぶつかってえらい目に遭った」とこぼす。舎長に就任した金子郁容の方針で慶應ファミリーが冷遇され、ことごとく入試で落とされたのだ。男性の息子も不合格。中学からようやく慶應に入った。

慶應卒はその子弟を慶應に、しかも、できるだけ早い段階から入れたがる。それは慶應内の序列で幼稚舎入学組が頂点にあり、中学入学組、高校入学組と続き、大学入学組は最底辺となることを自ら体験して知っているからだ（208~209ページ図参照）。

頂点に君臨する幼稚舎入学組は「レアキャラ」

幼稚舎入学組には名士や老舗企業の子弟が山のようにいる。一般サラリーマン家庭であっても、彼らと共に学生生活を通してエスタブリッシュメントの素養、教養が身に付けられる。慶應王国の頂点に君臨する幼稚舎入学組は、大勢の学生が入る大学において「レアキャラ」とも呼ばれ一目置かれる。

ただ、女性の場合は少し様相が異なる。狭き門をくぐり抜けた自負がある中学入学組は「幼稚舎入学組と一緒にしないでほしい」という意識を持ちやすい。もっとも、幼稚舎入学組は「それで構わない」と意に介さない。「学力で優れているのはあなたたち。私たちはよいところにお嫁に行きますから」と言ってのける者もいる。

大学の学部にも序列がある。慶應卒業生の声を集約するとその並びは「医→法＝理工→経済→商→薬→文→ＳＦＣ→看護医療学部」。法学部、経済学部、商学部が文系学部御三家として最大かつ最強の勢力を持つ。内部生が多いのもこの3学部だ。

慶應受験会を運営するエデュケーショナルブレイン代表の菅谷隆臣によると「慶應生のプライドは公認会計士の合格者数が日本一であること。その合格者の多くは経済学部、商学部の出身だ」。

特に伝統ある経済学部はとりわけプライドが高いとされるが、「近年、ロースクールの実績の良さから法学部の地位が上がっている」（菅谷）。「商学部はもともと経済学部から分離してできた新しい学部であるため、地位は経済学部の格下扱い。でも商学部は福澤諭吉の精

文系御三家OBが三田会も牛耳る

慶應内の序列と結束力

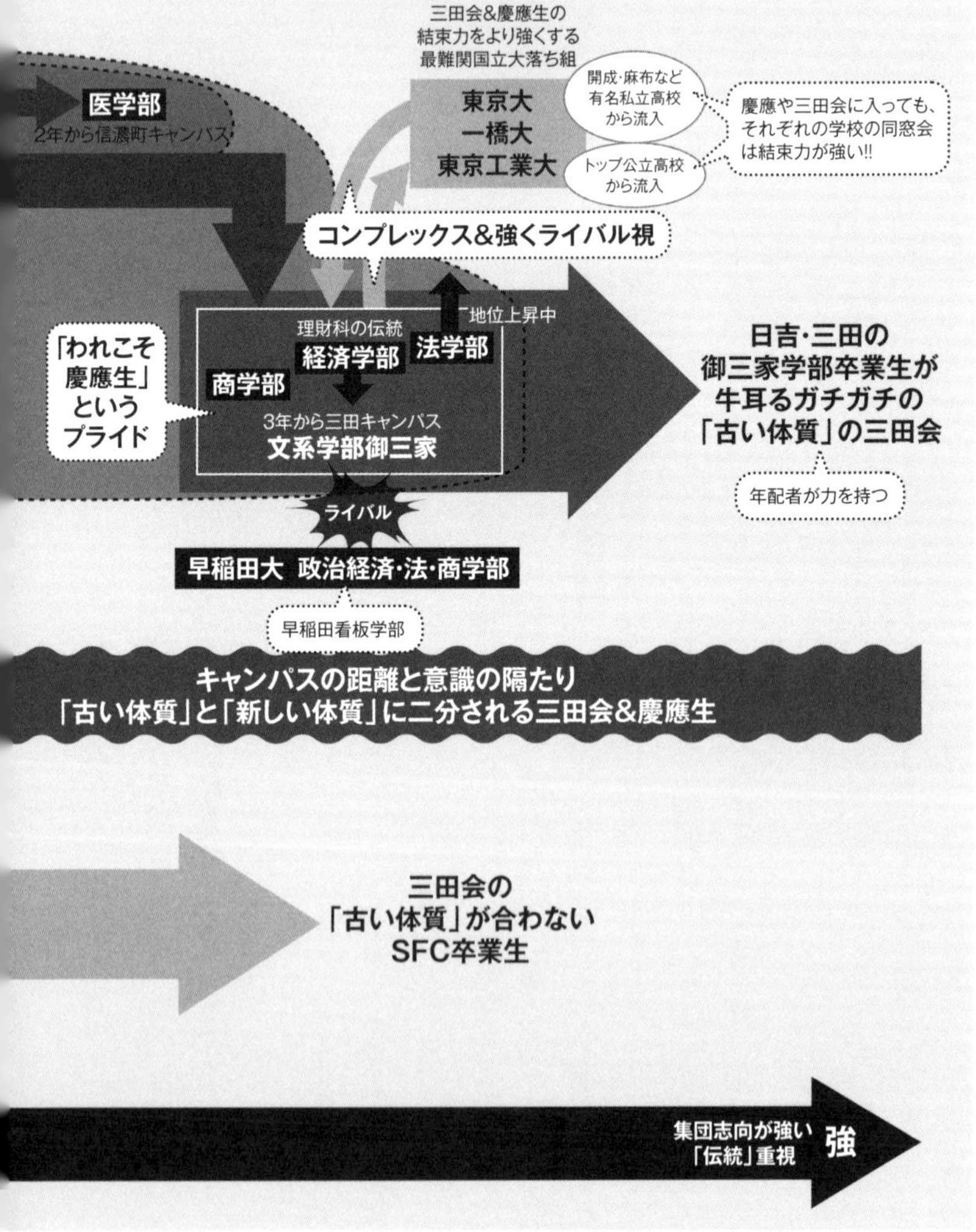
三田会&慶應生の
結束力をより強くする
最難関国立大落ち組
東京大
一橋大
東京工業大
開成・麻布など
有名私立高校
から流入
トップ公立高校
から流入
慶應や三田会に入っても、
それぞれの学校の同窓会
は結束力が強い!!
医学部
2年から信濃町キャンパス
コンプレックス&強くライバル視
地位上昇中
理財科の伝統
経済学部
法学部
商学部
3年から三田キャンパス
文系学部御三家
「われこそ
慶應生」
という
プライド
日吉・三田の
御三家学部卒業生が
牛耳るガチガチの
「古い体質」の三田会
年配者が力を持つ
ライバル
早稲田大 政治経済・法・商学部
早稲田看板学部
キャンパスの距離と意識の隔たり
「古い体質」と「新しい体質」に二分される三田会&慶應生
三田会の
「古い体質」が合わない
SFC卒業生
集団志向が強い
「伝統」重視
強

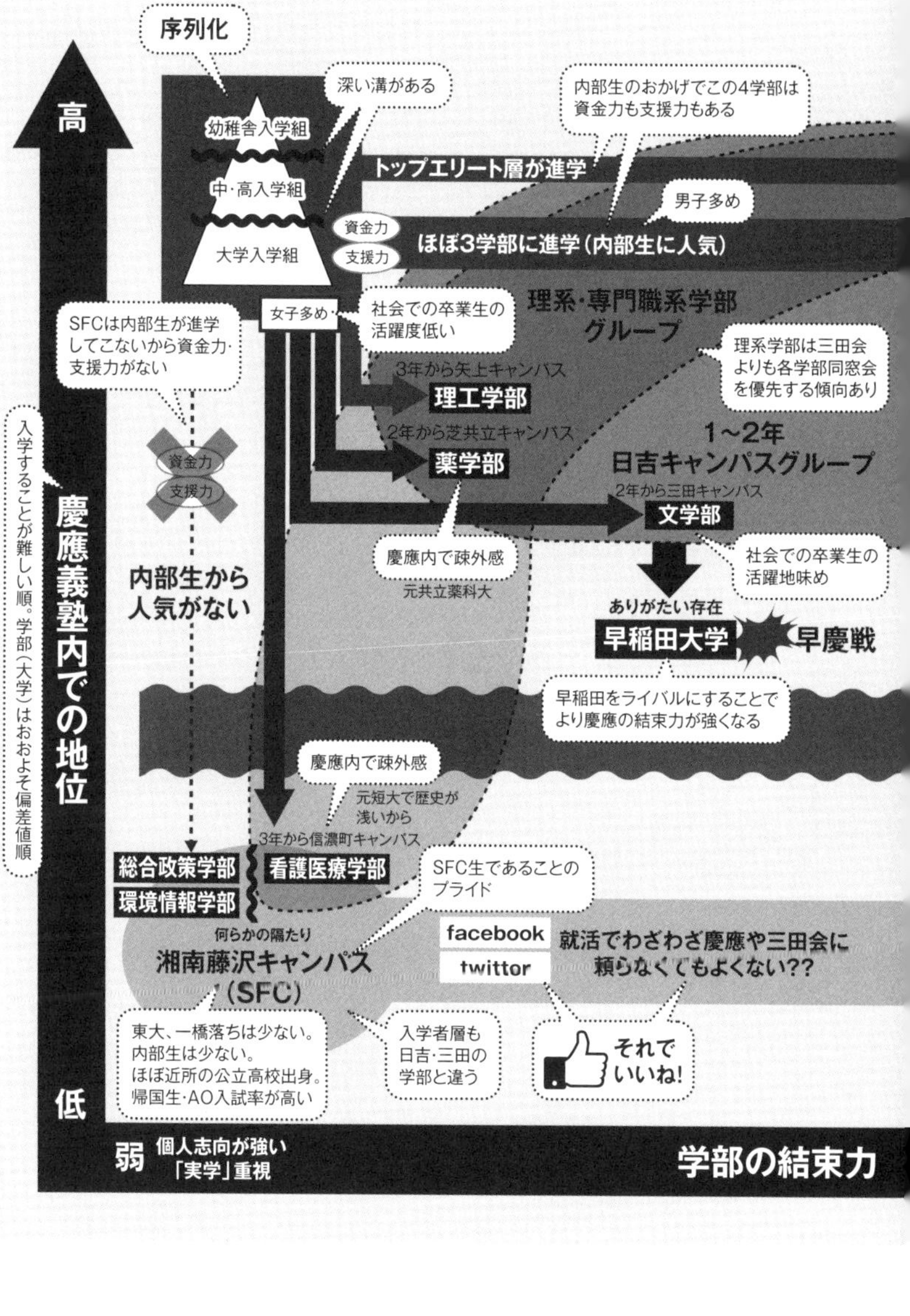
序列化
高
低
慶應義塾内での地位
入学することが難しい順。学部（大学）はおおよそ偏差値順
幼稚舎入学組
中・高入学組
大学入学組
深い溝がある
内部生のおかげでこの4学部は資金力も支援力もある
トップエリート層が進学
男子多め
資金力
支援力
ほぼ3学部に進学（内部生に人気）
理系・専門職系学部グループ
女子多め
社会での卒業生の活躍度低い
SFCは内部生が進学してこないから資金力・支援力がない
理系学部は三田会よりも各学部同窓会を優先する傾向あり
3年から矢上キャンパス
理工学部
2年から芝共立キャンパス
薬学部
1～2年日吉キャンパスグループ
2年から三田キャンパス
文学部
資金力
支援力
慶應内で疎外感
元共立薬科大
社会での卒業生の活躍地味め
内部生から人気がない
ありがたい存在
早稲田大学
早慶戦
早稲田をライバルにすることでより慶應の結束力が強くなる
慶應内で疎外感
元短大で歴史が浅いから
3年から信濃町キャンパス
総合政策学部
環境情報学部
看護医療学部
SFC生であることのプライド
何らかの隔たり
湘南藤沢キャンパス（SFC）
facebook
twitter
就活でわざわざ慶應や三田会に頼らなくてもよくない??
東大、一橋落ちは少ない。内部生は少ない。ほぼ近所の公立高校出身。帰国生・AO入試率が高い
入学者層も日吉・三田の学部と違う
それでいいね!
弱
個人志向が強い「実学」重視
学部の結束力

神を慶應内で最も強く受け継いだ学部」（慶應卒業生）という。

トップエリート層が進学する医学部は別格

文系学部御三家は「われこそ慶應生」との自負がある。卒業後は、企業であれば商社や金融業界に就職するのが常道だ。慶應らしい結束力を持ち、三田会活動においても中心的存在となる。ただ、企業内において、学閥と見られることを避けるため、活動は外からはひっそりとして見える。

医学部は羨望の対象であり、別格扱い。三田会の序列においても医学部同窓会の三四会が頂点だ。三四会と公認会計士三田会、三田法曹会が三田会御三家といえるだろう（211ページ図参照）。このほか理工学部、薬学部、看護医療学部など理系および専門職系の学部グループは、三田会よりも各学部の同窓会や仲間を優先する傾向にある。

90年に開設された湘南藤沢キャンパス（SFC）の2学部、総合政策学部と環境情報学部は、異端扱い。内部進学者からの人気も低く、学部序列では下に位置付けられる。キャンパスが離れているため、他学部との交流は薄い。

そもそもSFC生は慶應に対してより、SFC生であることにプライドがある。若い卒業生が多いため、結束力が弱く、三田会活動に熱心ではない。

二つに分かれる活動気質

三田会内の序列と活動気質

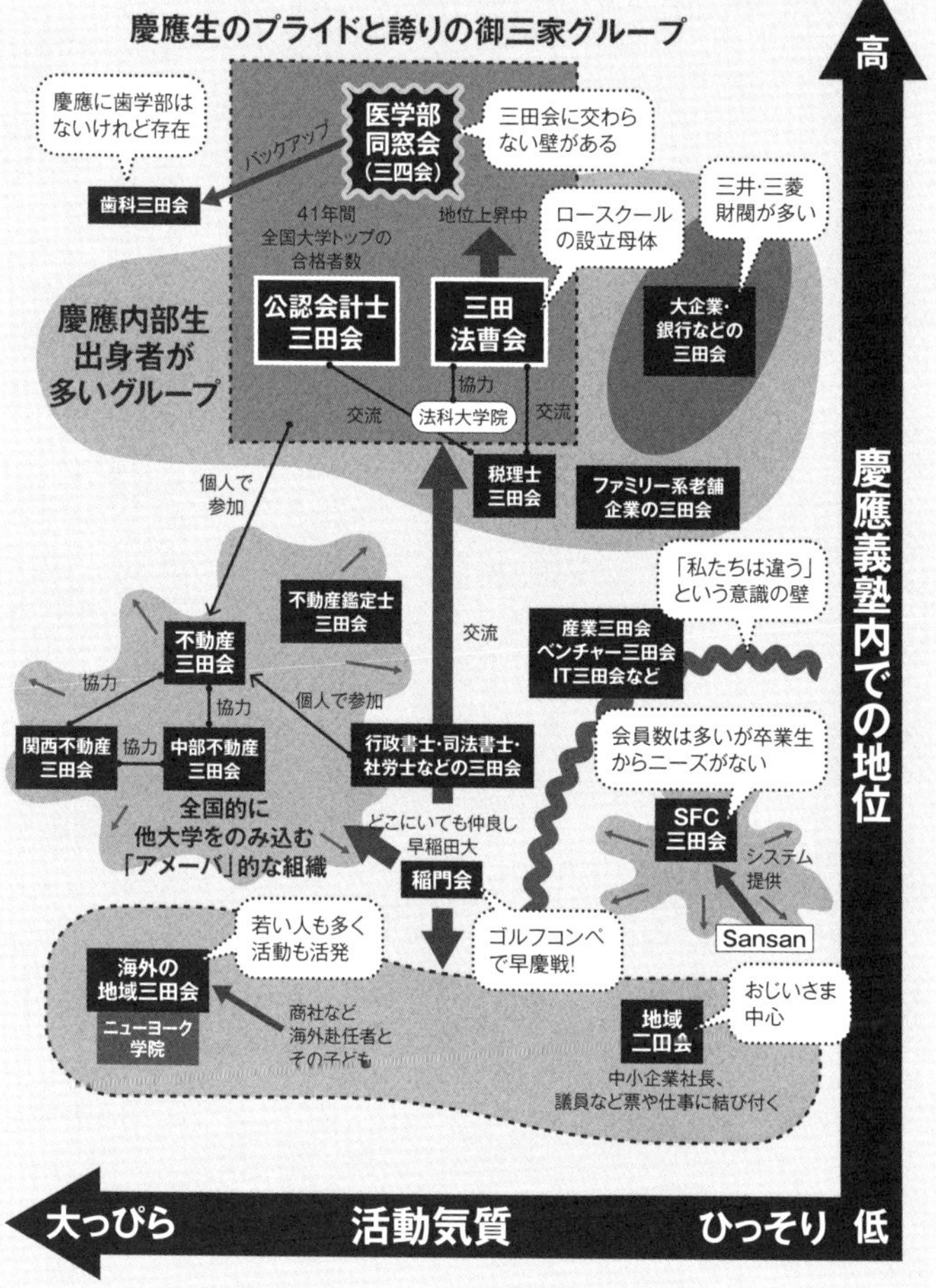

若い世代に薄い帰属意識
強者故に弱まる起業家精神

電柱に張られたクリニックの広告が目に飛び込んだ50代の慶應義塾卒ビジネスマンは「ああ、慶應卒の医者なのか」と独りごちた。その広告に慶應卒の文字はないが、慶應の塾旗と同じ赤と青が配色されている。これが慶應卒というメッセージとなっている。「慶應カラーを目にすると本能が反応しちゃうんだよね」と幼稚舎時代から染み付いた愛塾心をのぞかせる。親も慶應、息子も慶應。幼稚舎時代からの友人が多い。

幼稚舎入学組や中高入学組の内部生は、三田会よりも付き合いの長い同級生たちとのクラス会を重視する。内部生と大学入学組の間には、目に見えない区別が存在している（213ページ図参照）。

そうした内部生の強烈な選民意識は、大学入学組に対抗心だけでなく、同化心も芽生えさせる。慶應に染まろうと、どんどん同化していくのだ。

このため、幼稚舎入学組、中高入学組、大学入学組のそれぞれに意識の溝がたとえあった

序列はあってもまとまる三田会

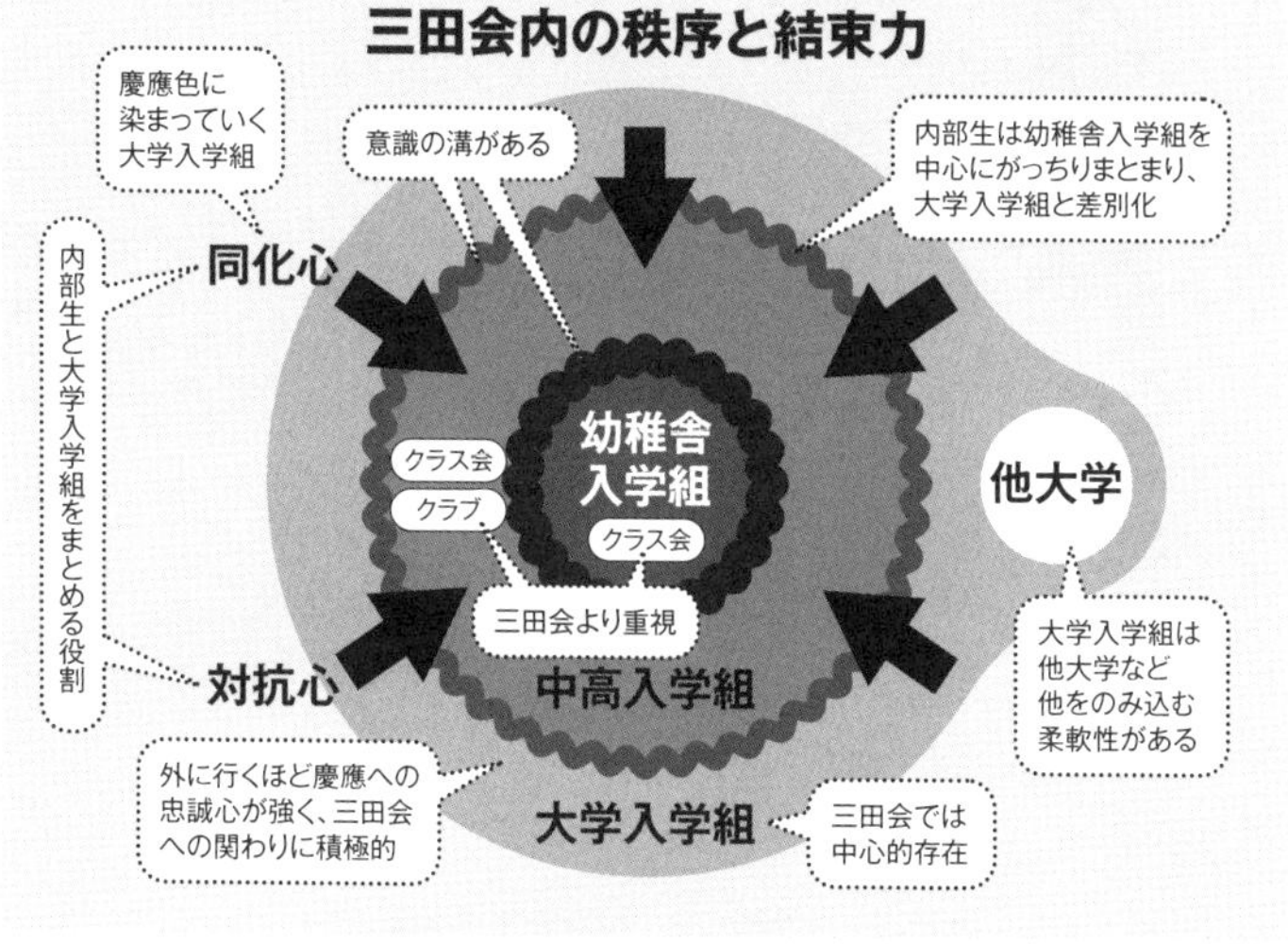
三田会内の秩序と結束力
慶應色に
染まっていく
大学入学組
意識の溝がある
内部生は幼稚舎入学組を
中心にがっちりまとまり、
大学入学組と差別化
内部生と大学入学組をまとめる役割
同化心
対抗心
幼稚舎
入学組
クラス会
クラブ
クラス会
三田会より重視
中高入学組
他大学
大学入学組は
他大学など
他をのみ込む
柔軟性がある
外に行くほど慶應への
忠誠心が強く、三田会
への関わりに積極的
大学入学組
三田会では
中心的存在

としても、三田会がまとまる仕組みになっている。

そして内部生に比べて「しがらみ」がない大学入学組は、内部生が築き上げた慶應ネットワークを一番活用しつつも、他大学などさまざまなグループに広がろうとするのだ。

三田会は閉鎖的と批判されることもある。半面、ネットワークを広げるのであれば、「閉鎖的で秘密結社的なものと異なる」と宗教学者の島田裕巳。三田会活動に熱心な大学入学組が三田会をうまく活性化しているともいえる。

こうして最強のOB組織として君臨している三田会だが、実は懸念を内包している。

一つは若者の三田会離れだ。ある企業の

職場三田会の会長は「年配層には活動を促されるが、若い世代は無関心」と言い、また高齢化する地域三田会も少なくない。もともと若い世代は三田会活動に参加する余裕のないことが多いが、ソーシャル・ネットワーキング・サービス（ＳＮＳ）での交流に慣れ親しむ世代だけに、なおさらＳＮＳで十分という意識もあり、一度参加してメリットが感じられないと寄り付かなくなるという（２１４ページ図参照）。

若者離れが進めば、三田会は老人クラブと化し衰退していくことになる。

社長数が多くても起業家が育ちにくい

次に慶應生、慶應卒を結束させる福澤諭

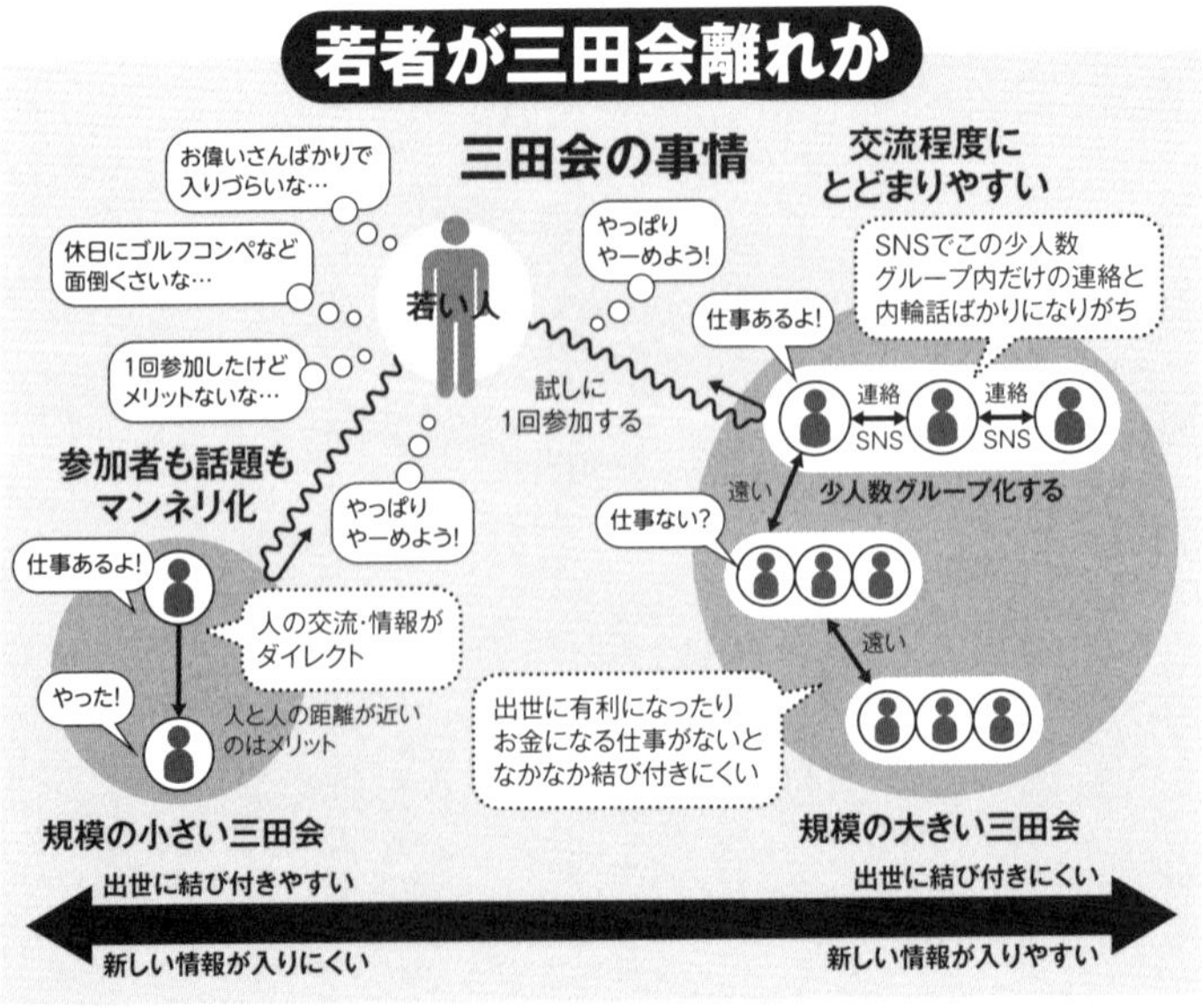

吉の精神を、自然に身に付ける時代が終焉してしまった。

学生の時分に、福澤の精神をその著書からしっかり学ぶ者は実はそう多くない。それでも福澤の精神が慶應生に浸透していたのは、福澤とじかに接していた教授などが当時のことを折に触れて語り、「学生は知らず知らずのうちにさまざまなことを、空気の中から身に付けていた」(慶應義塾福澤研究センター所長の米山光儀)からだ。

その最後の世代が50代くらいだという。40代以下の世代は空気の中から学ぶことが難しくなりつつある。慶應の組織自体が大きくなっているからなおさらだ。

慶應は従来、福澤の教えを必修のようなかたちで学ばせることはしなかったが、希望者のための講座を設置したり、著書を読む機会などを意識的につくるようになっている。

そして最大の懸念となるのが起業家精神、開拓者精神の弱体化である。ビジネス界を中心に慶應ブランドの評価が上がってきたことで、慶應生は有利に就職活動ができる。相反するように安定的に高い収入を得られる大企業志向を強めていった。リスクを冒す起業家精神は薄まった。

慶應卒業後に三菱商事に勤務し、ベンチャーリパブリックを立ち上げた社長の柴田啓は「ベンチャーの世界こそ成長のためにいろんなネットワークを使って事業を伸ばさないといけない」と強調する。「何かを作って売りに行くときに、大きな企業にOBがいればそこに行くこともあるだろうし、中小企業同士でアライアンスを組むこともある。人脈はものすごく大事」と語る。だからベンチャー三田会などの活動に力を注いできた。

しかし、今の慶應はそもそも会員となるような起業家が育ちにくい。ベンチャー志向になっていない。足元では社長輩出数が多くても、将来的にはその三田会パワーがそがれていくということだ。

かつて慶應で〝最強〟と呼ばれるゼミを率いていた名誉教授の島田晴雄（千葉商科大学学長）は、ゼミ生から東京海上火災保険に就職するための推薦状を求められたとき、「しばらくの間は人から給料をもらうのは許すけど、給料とは基本的に人からもらうもんじゃない。人に払うものだ。払うつもりはあるのか」と問うた。つまり社長にまでなるか、会社を起こす意欲を尋ねたのだ。

「自我作古」――。福澤は予想される困難や試練に耐えて、前人未到の新しい分野の開拓に当たる勇気と使命感を表すこの言葉を唱えていた。

〝弱いつながり〟へ動きだしたSFC三田会

こうした懸念に対して、慶應三田会の弱体化が進んでいくのか、何かが見いだされるのか、注目されるのが慶應湘南藤沢キャンパス（SFC）出身者が集うSFC三田会の今後だ。

三田から遠く離れ、慶應内序列の下層に位置付けられた存在。福澤の空気を感じにくい真新しいキャンパス。ただ、他のキャンパスとはカラーが異なり、ベンチャー志向が強い。そんな彼らは三田会活動を軽視してきた。

その第1期生が40代半ばを迎える中、最近、ＳＦＣ三田会が変化を見せ始めている。

名刺管理サービス事業を行うベンチャーであるＳａｎｓａｎの幹部でＳＦＣ三田会幹部も務める日比谷尚武は、機能不全状態になっていたＳＦＣ三田会が今、Ｓａｎｓａｎのシステムを使って名簿を管理し、データバンクを構築する取り組みに乗り出したと明かす。

「私自身、40歳近くになってたまに同窓会もするようになると、こうしたつながりがプラスになるのではないかとおのずと分かってきた」と日比谷。

「刺激を受けたり、身の回りの人だけでは解決できない手掛かりをもらうとか、あるいは何かあったときにすぐに頼れる。そんな弱いつながり（ウイークタイズ）が生きてくるかもしれない。同窓会ってまさにそれじゃないかと」（同）

今後ＳＦＣ三田会では、会員が何かを求めたときに、会がうまくつなげるような機能を模索していく。「会員からニーズがあるのかは分からない」と日比谷は言う。とにかく応えられる体制をまず整え、ＳＦＣ卒業生たちが三田会とのつながりを求めるのであれば、受け止めていく。

Interview 10

「寄らば大樹の陰」になるな

1974年経済学部卒

北尾吉孝

SBIホールディングス社長

うちは祖父が福澤諭吉に傾倒し、「北尾家は慶應に行くべし」だった。だから父も慶應卒。父のときはまだ大学に行く人も少ない時代で、福澤諭吉も、慶應卒で活躍する財界人も身近に感じられた。だから卒業生は子弟も慶應に通わす人が多かった。

今は慶應卒の人数もすっかり多くなって、銀行だの商社だのに勤める。大企業で石を投げれば慶應卒に当たるくらいでしょう。どうしてもっとリスクを取って中小企業に行かないの、会社を起こさないのとつくづく思うんだ。

（数年前、）人を介して慶應卒業生でドン・キホーテを創業した安田隆夫さんを紹介された。安田さんも事業を起こした方だし、話が合うんじゃないですかと。それからときどき食事をするようになったのだけど、安田さんは「最近の慶應卒で、ゼロから起業してそこそこの会社に育てたのは私たちくらいのもの」と言っていた。

講演に行くとね、名刺交換だけでも何百枚となる。そのときに「塾の何年卒です」とよく言われる。私を利用したいと思うのかもしれないけど、「ああそうですか」ですぐに忘れちゃう。

その人が本物であると感じたら、あらためて会うんだけどね。最近で言えば慶應医学部卒で製薬ベンチャーを立ち上げたアキュセラの窪田良君を支援している。単なる親しみだけじゃなく、志が気に入ったんだ。

大企業志向は慶應生に限った話じゃないけど、最近の人は「寄らば大樹の陰」になっている。鶏口となるも牛後となるなかれ。もっと冒険してほしい。昔の慶應人は、まさに起業家だったのだから。（談）

Takeshi Kojima

Top 1 Interview

学生は「塾生」、卒業生は「塾員」生涯つながって高め合う仲間

清家 篤

慶應義塾長（編集部注：2016年インタビュー当時）

なぜ慶應義塾の卒業生は三田会を組織し、固い結束力を持つのか。なぜ卒業生は経済界で群を抜く活躍を見せるのか。幼稚舎から大学までの各校を束ねる慶應義塾長（2016年当時）の清家篤が語る。

――なぜ慶應義塾の卒業生は結束が強いのでしょうか。

慶應では学生を「塾生」、卒業生を「塾員」と呼び、卒業してもつながり続けます。近年の大学教育界では、学生をお客さま扱いして顧客満足が大事だと唱える人がいます。学生が満足する授業を行い、望む会社に就職させるのがいい大学なのだと。私はそれに強い違和感を覚えます。

いいところに就職させたら成功？　それで終わり？　そうではないでしょう。卒業後に良い職業人生を送っているか？　幸せな人生を送っているか？　卒業生のことは、ずっと心配で気になるもんじゃありませんか。

私は三田会を訪ねるのがとても楽しい。塾員がビジネス社会、地域社会あるいは家庭でどんなふうに過ごし、活躍しているかを見ることができますから。

――塾長は国内だけでなく海外の三田会にも駆け付けると。

K.S.

せいけ・あつし／1954年生まれ。78年慶應義塾大学経済学部卒業、93年博士（商学）学位取得。92年商学部教授、2007年商学部長。09年より塾長（学校法人慶應義塾理事長兼慶應義塾大学長）を2期8年務める。専門は労働経済学。

国際会議に出席するための出張などがあれば、できる限り現地の三田会に寄ります。慶應義塾ニューヨーク学院の入学式に出席するときはニューヨーク三田会、毎年1月にスイスのダボス会議に出席するときはチューリッヒやジュネーブの三田会といったふうに。

良い学校かどうかは、卒業したときに分かるのではありません。極端に言えば、人生の最期に「自分は良い学校を卒業した」と思えるかです。学生はお客さまではなくて大切な人生の後輩。塾生と塾員は生涯つながり、互いに高め合う仲間なんです。

自分が得意なことを他の塾生に教え、他の塾生が得意なことは教えてもらうという「半学半教」の理念を卒業してなお守り続けるから、三田会の活動が盛んなのでしょう。親睦と同時に、高め合って刺激し合う。

金銭面でも、塾員が奨学金制度への寄付を通して、経済的に困っている塾生を支えてくれます。仲間で助け合う「社中協力」。仲間である社中にマインドフローがあるし、マネーフローもある。

――「半学半教」の精神が強いビジネスマンを生むともいわれます。

そうだと思います。私の専門である労働経済学の人的資本理論に当てはまりますが、人はどうやって仕事をする上での能力を高めるかといえば、学校で自分の頭で考える基礎能力を身に付けて入社し、職場におけるオン・ザ・ジョブ・トレーニングで職業能力を開発します。

先輩から、上司から、あるいは同じ職位の同僚から仕事を教えてもらう。と同時に自分も同僚に教える。少し先輩になれば後輩に教える。教えてもらうこと、教えることがうまい人は仕事の能力が磨かれ、ビジネスの世界で重宝されるでしょう。

ちなみに半学半教を実現するには、人間関係がフラットでないといけないんですよ。一般的に昔の塾は、師匠と門弟というような関係がありましたが、初期の慶應義塾の塾生の著書を読むと「自分たちは福澤の門人ではない」と言っている。

福澤諭吉を尊敬しても、それは師匠というよりも先輩という位置付けで、福澤も塾生も社中の一員だと。福澤自身がそうありたいと考え、新入生であろうと高位高官であろうと、人を呼ぶときは「先生」ではなく「さん」や「君」付けでした。

――清家塾長も「清家さん」？

と呼ばれることが多い。厳格に決まっているわけではないですけどね。

慶應義塾中等部では生徒が先生を「さん」付けで呼びますし、教壇がない。生徒と先生が同じ高さで学ぶという伝統が引き継がれています。

ビジネスでもスポーツでも実学と半学半教

なぜ塾員がビジネス界で強いかといえば、もう一つ。自分の頭でものを考える力を養うという伝統も素地になっているはずです。ビジネスの世界は、まだ正解のない問題にチャレンジして、それに答えを見つけていくことの連続です。

新しい状況を自分の頭で理解して、その理解に基づいて問題を解決していく、あるいは正しい意思決定をしていく。これはまさに福澤が唱え、慶應が大切にしている理念に通じます。

――それは「実学」のこと？

そう。実学というのは福澤自身が「サイヤンス」とルビを振っていることからも分かるように、「科学」を意味した。つまり、誰か偉い人が言ったことを金科玉条のように覚えて信ずるのではなく、さまざまなことにまず疑問を持つ。

自分で仮説を立て、検証し、答えを出していくということです。ゼミでの研究はまさにその実践ですが、体育会のような課外活動も自分の頭で考える貴重な場です。

一人一人の選手がどうしたらもっとうまくなれるのか、例えばどうしたら早慶戦に勝てるのか。指導者だけでなく選手自身もよく考えて、日々の練習で実行して試合に備える。

スポーツも勉強であり、自分の頭で考える力を養い、半学半教で高め合える。だからビジネスの世界で成功している人の中には慶應義塾体育会のアスリートだった人も多いんでしょうね。

――慶應義塾が今後さらに強化を図ることは?

福澤の没後につくられた医学部で、医療における社会貢献の実践をどう実現していくかは一つのテーマですね。研究と教育の国際化もさらに充実させる。福澤が学問によって社会に貢献することを目的につくった学塾ですので、この目的をその時々の時代で実現するということに尽きます。

President,
Keio University
(2017～)

Masato Kato

Part 6

私大の雄「早慶」
おごれる者は久しからず

古くから永遠のライバルと称されてきた早稲田大学と
慶應義塾大学。一見その序列には変化がないように思われるが、
10年単位で見ると実は大きな変動が起きている。
その変化と共に、2017年春に塾長が交代した慶應
および三田会の最新事情に迫る。

（本パートは「週刊ダイヤモンド」2017年9月16日号「大学序列」特集掲載記事を再編集しています）

慶應・法が早稲田・政経を抜くも早稲田に「国際教養」の新看板

春キャンパスにチャイムの音
諸行無常の響きあり
金殿玉楼に虚しき色
盛者必衰の理をあらわす
蝟集のつわもの今は春の夢
おごる大学は久しからず

これは、受験雑誌黄金時代に「螢雪時代」の編集長を務め、「ＭＡＲＣＨ」や「日東駒専」といった言葉を生んだ代田恭之が詠んだ歌である。平家物語風に大学の変化を切り取ったものだ。

この歌のように、30年間という長い目で振り返ると、大学には大きな変化が起きている。

慶應・法が早稲田・政経を抜く

早慶看板&新設学部の偏差値推移

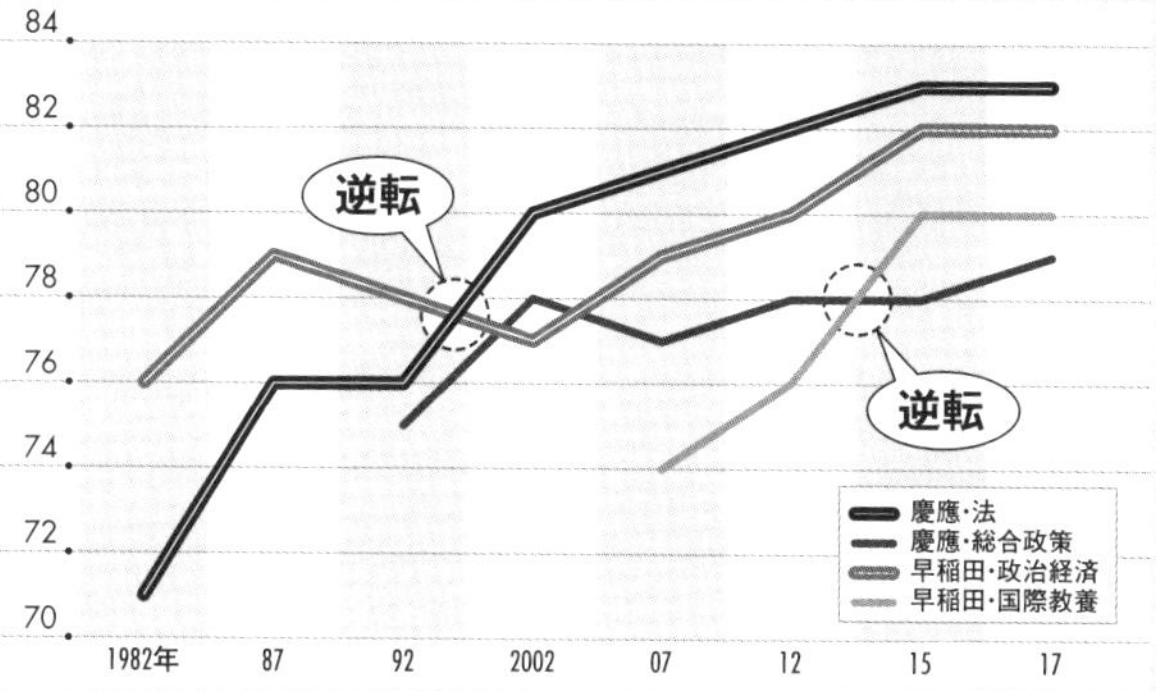

＊ベネッセコーポレーションが調査した偏差値に基づき本誌編集部作成。ベネッセの偏差値は、各年の「進研模試」（高3生・高卒生対象　総合学力マーク模試・6月）を基に算出された、翌年度入試における大学の合格目標偏差値を示す。これは「B判定値」を用いており、合格可能性60%以上80%未満のラインを示している。また、原則として同模試で利用されている学部の代表値を用いている

その象徴といえば、私学の雄、早稲田大学と慶應義塾大学の2校である。

1987年当時、早慶両方に合格していたら、どちらの大学を選んだのかご存じだろうか。答えは「早稲田」である。

実際、当時の偏差値ランキング表（文系。ベネッセコーポレーションの調査した偏差値に基づく）を眺めると、私立では早稲田・政治経済の76をトップに、早稲田・法の74、慶應・経済の73と続く。

だが、それも2000年代になると様相が変わる。慶應・法が早稲田・政経を抜き去り、文系では一躍、偏差値においてトップ学部に君臨するのだ（229ページ図参照）。

つまり今の30、40代にしたら早慶両方に

合格すると「慶應」を取る時代に変わったのである。

「私が早稲田と慶應を両方受験した昔は、慶應は文系でも入試に数学があって大変だった」と50代の慶應経済部ＯＢは振り返る。

80年代、慶應は入試改革し、多くの文系学部で数学を必須科目から外した。小論文はそのまま必須だが、これまでよりも受験しやすくなり慶應に受験者が流れた。

入試や合格発表日が早稲田より早いため、東京大学、一橋大学、東京工業大学といった国立併願者の間では、早稲田を待つより慶應で早く済ませようという機運ができた。

これによって東大併願者が早稲田より増えた。早稲田受験者も併願が容易になった。入試内容の変更は、慶應が早稲田を逆転した要因の一つである。

では、今も両方合格したら「慶應」なのかといえば、必ずしもそうではない。早稲田が急激に追い上げているのだ。

２０１７年において、偏差値1位は慶應・法のままで、2位の早稲田・政経が追う状況に変わりはない。

だが、3位の慶應・経済、4位の早稲田・法・商に続く、新たな顔触れがある。それが早稲田・国際教養学部である。

実は、04年にできたこの学部は早稲田・法・商と同じ偏差値80と高く、新たな看板学部としての地位を確立したのである。

国際教養学部が早稲田の女子化をけん引

早稲田の西早稲田キャンパス。創設者・大隈重信像の真後ろにそびえ立つのが、国際教養学部の入ったビルである。早稲田の中心地に設けられたこのビルに入れば、小ぎれいな女子学生や外国人留学生の姿が目につくだろう。

国際教養は、英語によるリベラルアーツ教育を展開し、留学も1年間義務付けるというユニークな教育を実施している。そのため、帰国子女や留学生が多く、洗練された雰囲気がある。ここに、古びたキャンパス、男くさい早稲田という印象はない。

慶應よりも女子率が高い早稲田

早慶志願者数と女子比率の推移

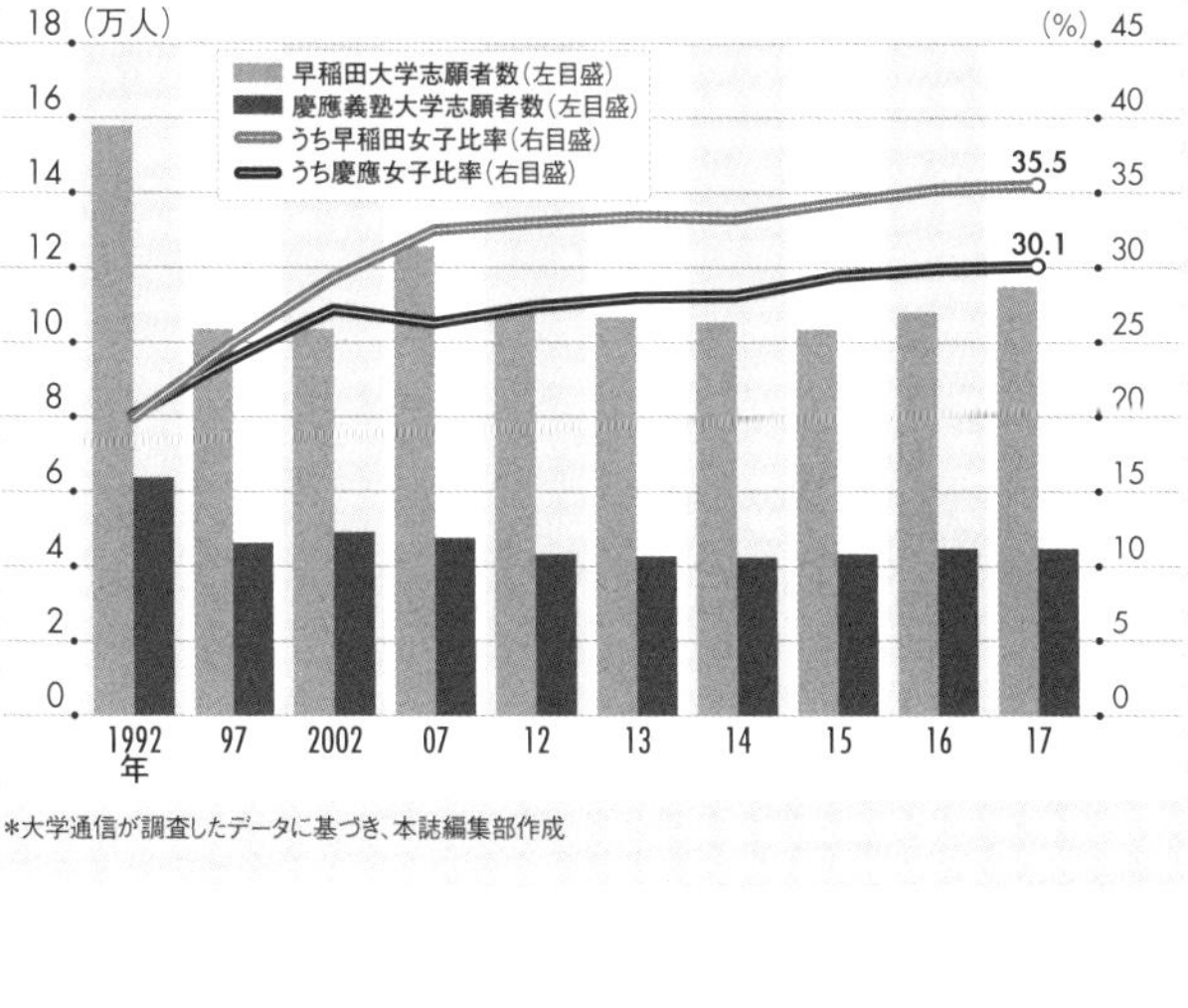

*大学通信が調査したデータに基づき、本誌編集部作成

この国際教養こそが、それまで早稲田の取り込めなかった女子層を獲得することに成功した。

とりわけ、上智大学や国際基督教大学（ICU）、立教大学、青山学院大学などを目指す〝外国語系女子〟が、目を向けるきっかけになった。

上智は得意の外国語教育のお株を奪われる格好になり、看板の外国語学部の偏差値が下落した。

さらに、高学力の女子学生を取り込むことによって、国際教養は早稲田に副次効果をもたらすことになる。早稲田の既存の学部との併願が増え、全体的に女子の志願者が増えたのである。

92年当時、早慶における志願者の女子率はどちらも約20％と大差なかった。だが2000年代後半からは差が開き、現在は早稲田が35・5％と5ポイント以上差をつけている（231ページ図参照）。

早慶内の学部別の志願者数を見ても、早稲田がトップ6を占めているが、志願者の女子比率を見ると、国際教養、文化構想、文学部で50％を超えているのだ（233ページ表参照）。

さらに早稲田は夜間コースを廃止したことで、社会科学部の偏差値が79にまで上昇。親世代からすれば社会科学というと夜間学部のイメージが強いだろうが、今やそうではない。他大学と同様、女子を集めているのだ。

つまり、早稲田は国際教養学部をてこに「女子化」し、ブランドイメージを変えたといえる。

しかしながら、これは慶應の通ってきた道とそっくりである。90年に、湘南藤沢キャンパス（SFC）が開設されたときのことを振り返ろう。

90年に脚光浴びた慶應SFCは当時の勢いを失う

当時、ITブームに乗って、全国的に珍しかった「コンピュータースキルが学べる」という触れ込みで、SFC（総合政策学部、環境情報学部）ができた。文系と理系の垣

志願者を集める早稲田

早慶学部別 志願者数ランキング

順位	大学・学部	2017年志願者数（人）	女子比率（%）
1	早稲田・教育	16,439	38.4
2	早稲田・商	16,338	28.4
3	早稲田・社会科学	13,931	33.6
4	早稲田・文化構想	12,614	53.7
5	早稲田・文	10,424	54.1
6	早稲田・政治経済	9,444	25.9
7	慶應・理工	9,236	14.6
8	早稲田・人間科学	8,225	34.0
9	慶應・経済	7,423	22.4
10	慶應・商	7,257	25.5
11	早稲田・法	6,139	32.8
12	早稲田・基幹理工	5,056	12.7
13	慶應・文	5,049	52.4
14	早稲田・先進理工	4,984	24.5
15	早稲田・創造理工	4,047	17.7
16	慶應・総合政策	3,937	33.0
17	慶應・法	3,858	34.7
18	早稲田・スポーツ科学	3,834	28.2
19	早稲田・国際教養	3,508	53.7
20	慶應・環境情報	3,194	31.6
21	慶應・薬	2,595	47.3
22	慶應・医	1,578	28.1
23	慶應・看護医療	718	92.1

＊大学通信が調査したデータに基づき、本誌編集部作成

根を取り払った教育、そしてその目新しさが多くの受験生の関心を集めた。

「当時は東大を蹴ってSFCに来るという貪欲な者もいた」（50代のSFC出身者）

英語1科目入試、英・数入試など受験生の得意な分野で勝負しやすい入試制度を導入。さらにAO入試（アドミッションオフィス入試）を展開し、多くの難関大学との併願を容易にした。一時は偏差値で見ても、早稲田・政経を抜くほどの勢いだった。

90年代から2000年代にかけては日本経済が低迷する中、もともとあったOB会組織「三田会」の力もあり、就職の強さが際立った。

実際、この29年間で就職先（236ページ図参照）を調べると、人気の3メガバンク、三大商社への就職者は、卒業生の多い早稲田をしのいでいる。それだけOBの厚みがあるため、就職を意識した学生を集めた。

このころ、SFCの先端的なブランド効果に加えて、就職実績の良さもあって、慶應はついに、早稲田を逆転するに至ったのだ。

だが、2000年代後半から雲行きが怪しくなる。まず、全国にSFCに似た学部が相次ぎ新設され、目新しさがなくなった。SFCの力がそがれた格好だ。

SFCは優秀で、ベンチャー企業で新しい価値を生み出す人材を数多く輩出した。半面、大企業からは「プライドが高くて使いづらい」と敬遠されるようになり、伝統企業からの評判が落ちていった。

立地も、慶應の三田や日吉キャンパスから離れている藤沢のため、受験生が全国から集まりにくくなった。現在は、近隣の公立高校の生徒が受験者の中心となっている。

かつては「慶應ボーイ」と「早稲田マン」というイメージがあった早慶において、「田舎のＳＦＣよりも、都会の早稲田・国際教養で学ぶ」というイメージが浸透したのはなんとも皮肉なものである。

このように新設学部の影響もあり、親世代のころと現在とでは早慶の学内の学部の序列も大きく変化したのだ（２３７ページ図参照）。

特に、もともと学部によって偏差値やブランドの格差があった早稲田において、「女子化」により学部間格差が縮小しているというのも注目すべきであろう。

世界での知名度は慶應より早稲田が高い

さて、このように両者が競い合ってきた早慶であるが、今後はどう変貌を遂げるのであろうか。

早稲田が成長する上で最大の鍵となるのは、これまで懸念であった医学部新設をするかどうか、であろう。

銀行・商社に強い慶應、メーカーに強い早稲田

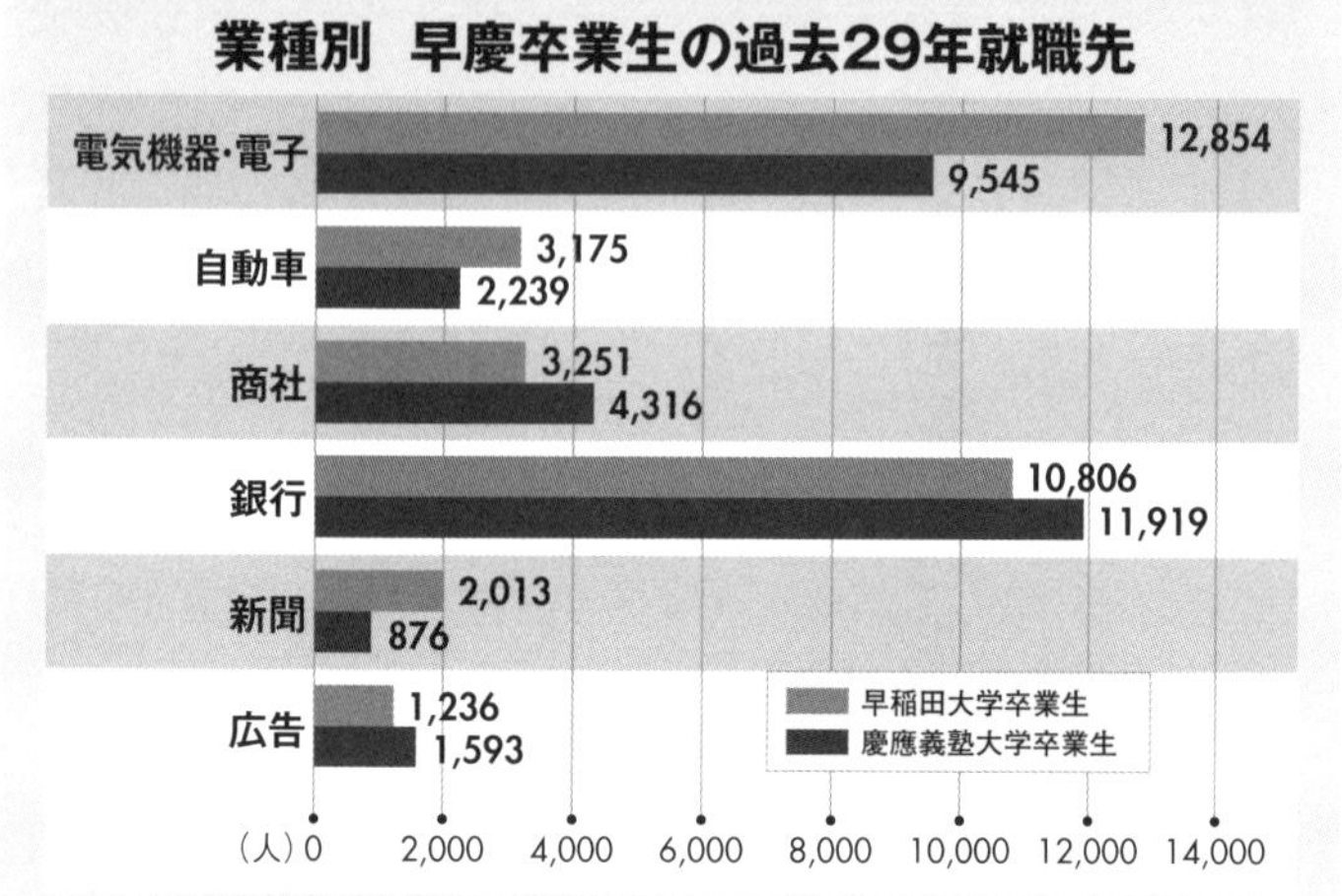

＊大学通信が調査したデータに基づき、本誌編集部作成

早稲田大理事の石山敦士は「早稲田として医学部への夢は諦めていない」と明言する。「早稲田が医療人を育てるということをもし目指すならば、今までにないかたちのプログラムを用意したい。また、病院を持たない医学部とか、医学部を持たずに病院を持つとか、いろんな可能性があるだろう」とも話す。

これまでも幾度となく話が持ち上がっては消えてきた医学部問題。実際は経営が難しい病院事業を取り込むとなるとそう簡単には進まないものの、もし早稲田に医学部が誕生すれば、世界的な位置付けが大きく変わるだろう。

慶應はこの間、旧共立薬科大学との統合を経て「薬学部」を手に入れている。医、薬、

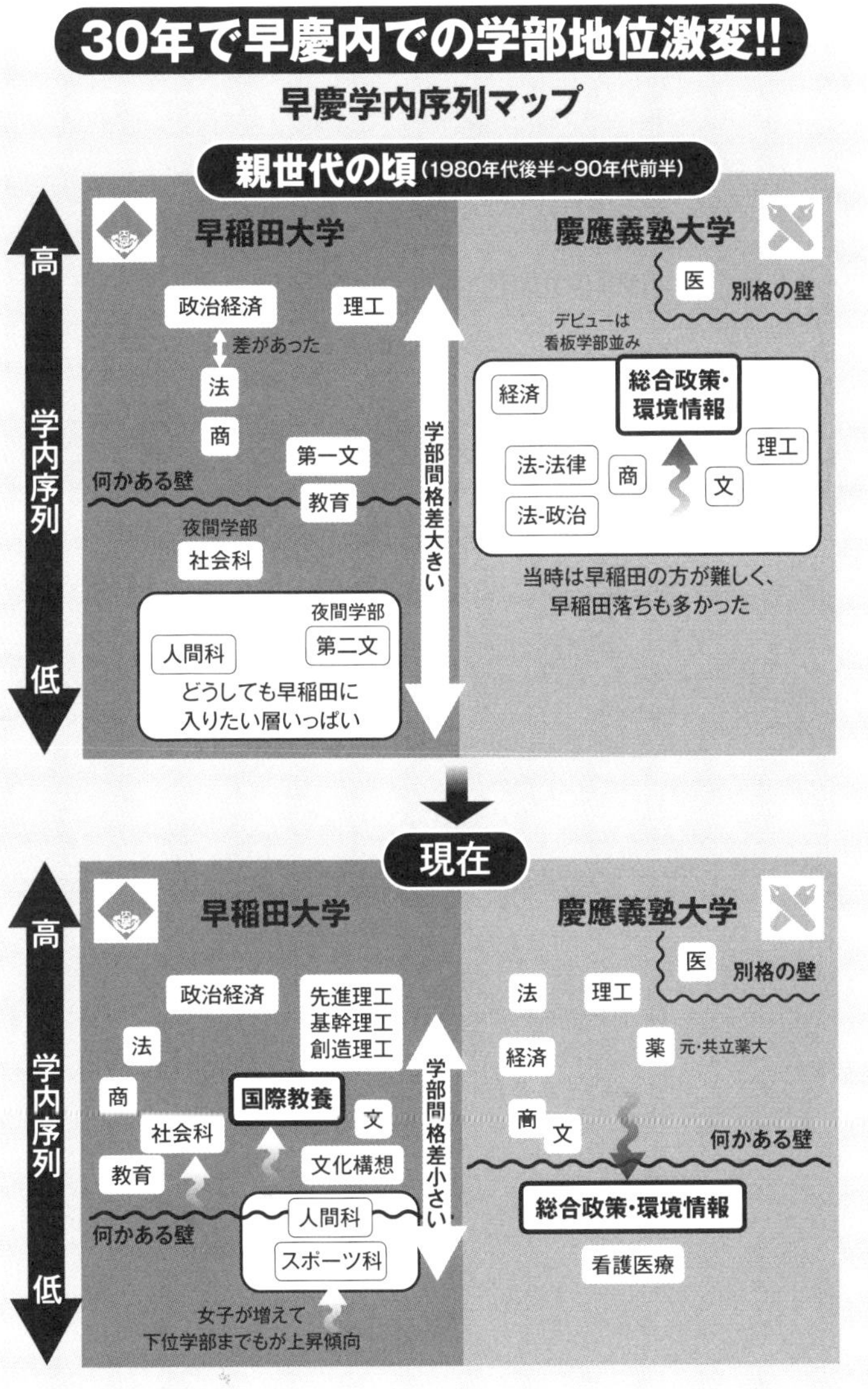

＊取材を基に本誌編集部作成

デザイン: Teerapatanun Pakorn・井上 孟

世界で知名度の高い早稲田

就職に関する世界大学ランキング(2017年)

順位	大学名	国名
1	スタンフォード大学	米国
2	マサチューセッツ工科大学	米国
3	清華大学	中国
4	シドニー大学	オーストラリア
5	ケンブリッジ大学	英国
6	エコール・ポリテクニーク	フランス
7	コロンビア大学	米国
8	オックスフォード大学	英国
9	カリフォルニア大学バークレー校	米国
10	プリンストン大学	米国
26	早稲田大学	日本
48	東京大学	日本
51-60	大阪大学、名古屋大学	日本
61-70	慶應義塾大学	日本

*英クアクアレリ・シモンズ(QS)による大学ランキングのうち、卒業生が雇用される能力を評価したもの。評価指標は雇用者による評価、卒業生の活躍、主要企業との共同研究実績、企業などの学内採用活動、卒業生の就職率など

看護医療学部の連携が進み、さらにそこにＳＦＣの持つＩＴへの知見を組み合わせることが飛躍のための策であろう。

ただ、慶應は、２３８ページの表のように就職に関する世界大学ランキングにおいては、早稲田の後塵を拝している。世界では慶應よりも早稲田の知名度が高いということだ。

国際化を図り世界に通じる教育・研究を行っていくことがポイントになる。

塾長選挙で教職員投票1位が落選
財界人たちが前体制の継続を望んだ

2017年7月下旬、慶應義塾大学法学部の名だたる教授陣が一堂に会した場で、清家篤から慶應義塾長を引き継いだ長谷山彰と経営執行部である常務理事たちが所信を述べた。通常ならば就任歓迎ムードが漂う場であるが、この日は違った。

ある法学部の有力教授が語る。

「質問も1人程度、多くの教授が早く終わってほしいと感じていた。これだけしらけていたことはなかったし、今回の選挙で（任期）4年間、慶應は〝死んだ〟と思う」

そう思うのも無理はない。今回の塾長選挙は、法学部のみならず教職員の間に多くの溝を残したからだ。選挙の詳細な仕組みは250ページ以降に譲るが、最大の論点は教職員から最も票を得た、経済学部教授の細田衛士が落ちたことである。

問題は、その落選理由が釈然としないことだ。確かに制度上は得票数トップの者を塾長に選ぶとは定められていない。だが、少なくとも半世紀にわたり行われてきた「慣例」を覆すほどの理由があったのか。慶應関係者に尋ねても、その理由は明確ではない。

では、3人の塾長候補者から1人に絞る銓衡《せんこう》委員会の段階でどのような議論が行われたのか。非公開の場であるが、内部関係者によれば、構成員である財界人たちが「現在の執行部の継続が望ましい」「長谷山候補がいい」と議論をリードしたという。

銓衡委委員長は、三井不動産会長の岩沙弘道である。慶應の最高議決機関である「評議員会」の議長でもある岩沙は、委員会で細田を推す声があったものの、票決もなく長谷山に候補を絞り、拍手承認によって審議を終えてしまった。

財界有力者たちが強く推したのは、長谷山が前体制で8年間常務理事を務めたことを評価し、その継続を望んだからだろう。

慶應病院そばの神宮外苑開発でうごめく慶應人脈

前執行部の目玉事業に、東京・信濃町にある慶應大病院の新病院棟建設事業がある。2020年まで工事の続く大プロジェクトだ。

実はこの横には東京最後の〝未開発地域〟だった明治神宮外苑地区があり、242〜243ページの図のように新国立競技場を中心とした七つの大型再開発プロジェクトが進められている。

ここに慶應OB、とりわけ評議員関係会社の姿があちこちにある。例えば、三井不動産は慶應大病院から徒歩1分の圏内に新たなホテルを建設する予定である。

東京五輪を前に、〝慶應人脈〟が神宮外苑周辺の再開発で中心的な役割を担っている。これも、長谷山にとって追い風になったのだろう。

人脈 神宮外苑開発マップ

プレーヤーの中でも存在感を発揮するのが慶應に連なる人脈だ。

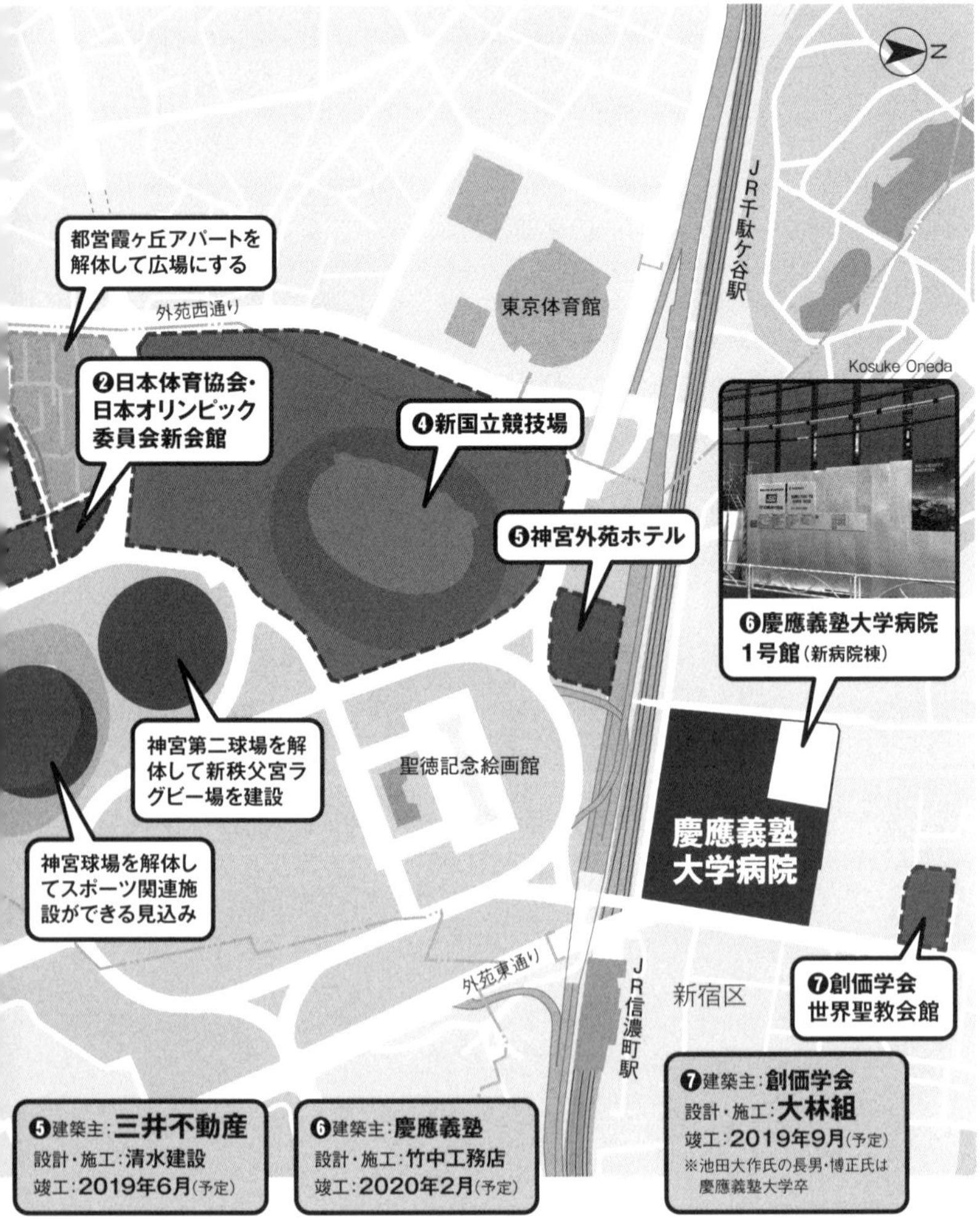

東京五輪でうごめく慶應

東京五輪に向けてにわかに動きだした神宮外苑再開発。さまざまな

三井不も大林組も慶應卒

慶應義塾評議員リスト(抜粋)

氏名	職業・役職	卒業年	学部
茂木友三郎	キッコーマン名誉会長	1958	法
西室泰三	東芝名誉顧問(元社長)	1961	経
福澤 武	三菱地所名誉顧問(元社長)	1961	法
菊池廣之	極東証券会長	1964	経
岩沙弘道	**三井不動産会長**	1965	法
銭高一善	銭高組会長	1966	経
岡野光喜	スルガ銀行社長兼CEO	1967	経
佐治信忠	サントリーホールディングス会長	1968	経
麻生 泰	麻生セメント会長	1969	法
大林剛郎	**大林組会長**	1977	経

*卒業年次順。法＝法学部、経＝経済学部

JIJI

岩沙弘道

読売新聞/アフロ

大林剛郎

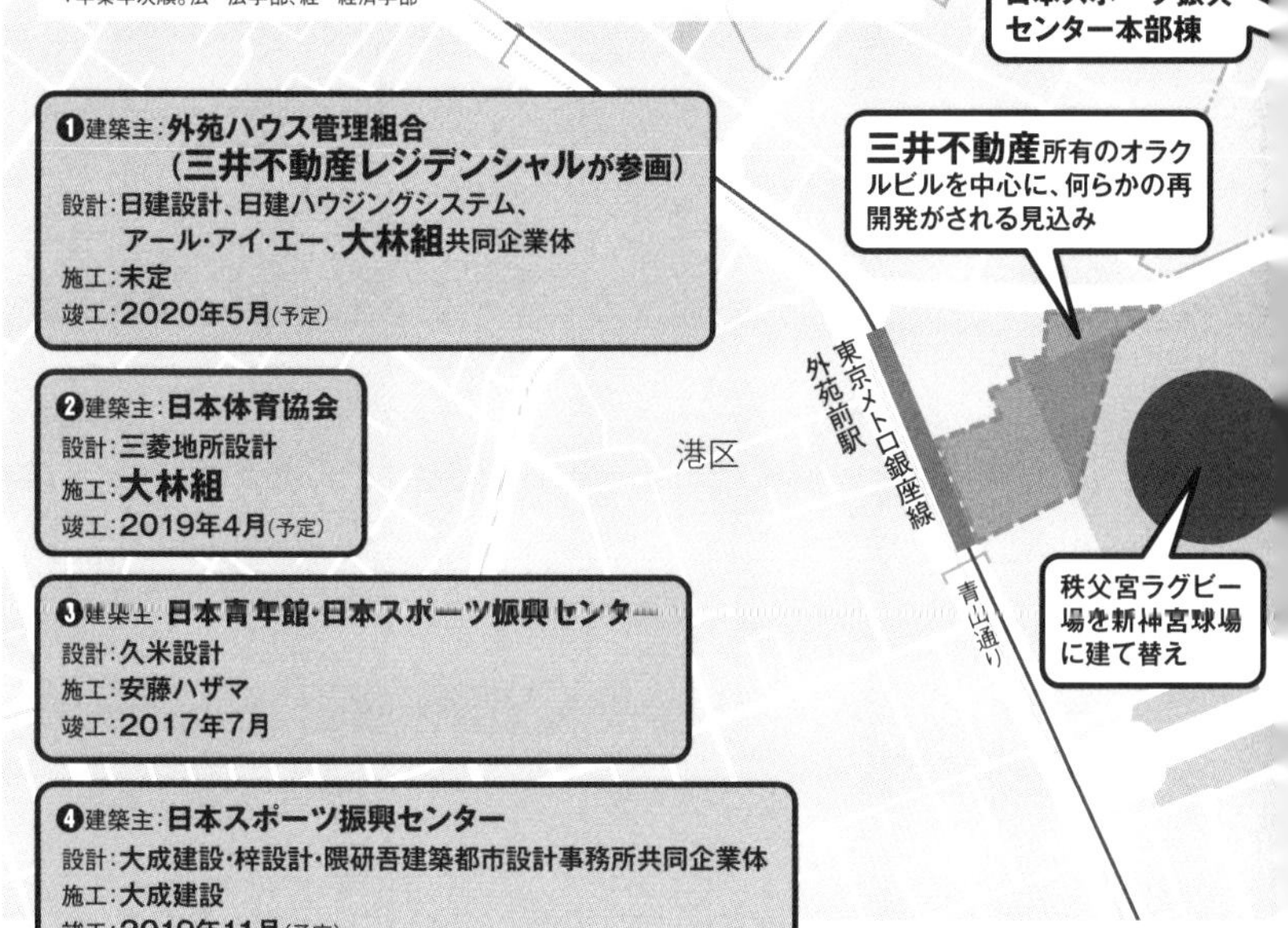

❶建築主:外苑ハウス管理組合
(三井不動産レジデンシャルが参画)
設計:日建設計、日建ハウジングシステム、
アール・アイ・エー、**大林組**共同企業体
施工:未定
竣工:2020年5月(予定)

❷建築主:日本体育協会
設計:三菱地所設計
施工:**大林組**
竣工:2019年4月(予定)

❸建築主:日本青年館・日本スポーツ振興センター
設計:久米設計
施工:安藤ハザマ
竣工:2017年7月

❹建築主:日本スポーツ振興センター
設計:大成建設・梓設計・隈研吾建築都市設計事務所共同企業体
施工:大成建設
竣工:2019年11月(予定)

Top Interview 2

前政権を引き継ぐ執行体制で「伝統を守りつつ進化を続ける」

長谷山 彰

慶應義塾塾長（編集部注：2017年就任）

2017年春、慶應義塾では8年ぶりに塾長が交代し、新たに就任した長谷山彰の下、新体制が始まった。長谷山自ら、慶應のこれまでとこれから、沈黙を続けてきた塾長選挙について語った。

――この30年間を振り返り、慶應義塾大学が早稲田大学を抜いた瞬間というのはあったのでしょうか。

大前提として、慶應と早稲田はそれぞれ特色を持って成長しています。広辞苑にも「早慶戦」という言葉があるように、永遠のライバル関係なのだと思います。慶應あっての早稲田、早稲田あっての慶應です。

　片方が片方を打ち負かすという関係ではなく、それぞれが個性を持ち、切磋琢磨《せっさたくま》していくのが理想の関係でしょう。早慶が並ぶことで私学全体の発展に寄与してきたと自負もしています。受験生の親御さんにおかれましても、早慶の個性をよく認識し、評価して、どちらが子どもの潜在能力を伸ばせるのかを考えていただきたいですね。

　もっとも、企業の就職部門の方々からは、慶應生は「非常にコミュニ

M.K.

はせやま・あきら／1981年慶大院文学研究科修士課程修了、84年同博士課程単位取得退学、87年駿河台大専任講師、94年教授。97年慶大教授、2007年文学部長、09年常任理事、17年より塾長。法学博士。

ケーション能力が高い」といった評価を頂きます。

その一方で、高校生に聞くと、「おしゃれだ」や「上品だ」「厳格である」といったイメージがあるようです。あるいは、「〝敷居が高い〟」や「お金がたくさん掛かる」という印象をお持ちかもしれません。

学納金を比べていただければ私立大学の中で突出して高いわけではない。昔につくられた「慶應ボーイ」のイメージからきており、おそらく「早稲田マン」や「在野精神」に対峙する印象をいまだ引きずっているのではないかとも思います。

――1990年に開設した湘南藤沢キャンパス（SFC）が新たな慶應のブランドを築きました。就職重視という時代の流れもあり、このころが早慶逆転の転機ではないかと思いますが、いかがですか。

90年代初頭というのは、高校生の数が減り始めるスタート地点でした。各大学とも量より質、大学としての個性を打ち出すことが必要になった。そのころ、慶應はたまたま従来のイメージと違う、非常に個性的な学部を湘南・藤沢の地につくれた。少なくとも、イメージ戦略やブランド戦略面で、その後の慶應の成長に影響を与えたと思います。

ですが、受験生から見た場合、SFCが伝統的な学部へ大きな影響を与えたかどうかは分かりません。非常に個性的な学部でしたから。

――今ではSFCが別ブランド化した印象があります。

もともと当時からSFCの教育や研究を大学全体に広げていこうという意図はなかったと思います。

「一身独立して一国独立す」という創設者、福澤諭吉の言葉に表れているように、世の中の流行に惑わされたり、周囲の声をうのみにしたりせず、自分の人生を生きる。

これは大学運営にも当てはまり、伝統学部は歴史と伝統を守りながら改善すべきは改善する。各学部が自ら改革を行ってきたし、これからもそうあるべきだと考えます。

もっとも、先端研究に強いSFCのおかげで、ITの分野を核として医学部や理工学部と研究面でのコラボレーションが進んでいます。その点では慶應全体に大きな影響を与えているのでしょう。

SFCには看護医療学部もあります。2008年に旧共立薬科大学と合併して薬学部ができたことで、医・薬・看の合同教育・研究プログラムができるようになり、これも大変な強みになっています。

伝統学部が個性を守りながらもSFCが良い触媒となって、慶應全体で発展してきたと考えています。

――企業の人事を取材すると、コミュニケーション能力にたけた伝統学部生に比べ、SF

C生は〝使いにくい〟という話を聞きます。企業側の評価が下がっているように感じます。

確かにそういう評価を耳にしたことがあります。あえて申し上げれば、SFC生を使いこなせるだけの文化や風土が日本企業になかったのではないのか、と。SFC生は、極めて日本的なタイプの企業に入ってそこで従来型のキャリアを形成していくことにこだわっていないのです。

もっとも今後は、企業も急速に変化していますので、日本企業においても活躍の場が広がる可能性が高いでしょう。

――04年に早稲田が新設した国際教養学部の偏差値が上がっています。慶應は国際系学部についてどうお考えですか。

早稲田のみならず多くの大学がこの10年、国際化を進めようと、外国人の留学生を集め、新しい国際系の学部をつくってきました。ですが、それでは単なる「出島」になってしまうのではないかと。慶應ではそうはしないと歴代考えてきました。

――長崎の出島ですか。

ええ、江戸時代に出島でだけ国際貿易ができたように、その学部だけが国際化してしまう。せっかく国際化といいながらも、全学部までなかなか広がらない状況が各地で起きているのではないかと思います。

慶應の場合は、国際系学部そのものはありません。しかし、国際化の取り組みが必ず全学生に波及するような発想で行っています。

例えば、昨年からは総合教育科目を外国語で受けられるようにしました。インターネットを利用した授業もあるため、学部生全員が英語で授業を受けられる。新しい学部をつくって国際化を短期間で狙うのではなく、大学全体として国際化を目指すようにしています。

——海外に出ると早稲田の知名度が高く、実績もあるように思います。海外のランキングでもそのような結果が出ています（238ページ表参照）。

昔からそうだったと思いますよ。特にアジアでは早稲田の知名度が高い。慶應の実績がないというよりも、これまで積極的に発信してこなかった。敷居が高いと思われている一方で、その敷居を越えて発信してこなかったことが要因です。

これからは違います。まずは当然ですが、世界標準に適合した教育や研究をしないといけない。と同時に、個性も持たないといけません。

近年は、積極的に海外との交流を行ってきました。学生交換システムや共同研究プロジェクトも増やしてきました。

——今回の塾長選挙では最終的に3人の候補者が残りました。国際化の方向性に違いはあったのでしょうか。

いえ、基本的にやろうとしていることは似ていたと思います。路線として劇的な変化を必要とする状況ではないという考えです。むしろ今までの伝統を守って、それをさらに向上させていくことが重要だと。私は所信表明で「伝統を守りつつ進化を続ける義塾」というスローガンを掲げました。

塾長選挙をめぐる誤解を解きたい

――塾長選挙について、今回、事前の教職員投票で230票と最多票を集めた候補が落選しました（長谷山は213票）。それまでの慣例では1位の得票者が塾長になっていました。この決定に疑問を抱く塾関係者が少なくありません。なぜ、教職員1位の方が落ちたのでしょうか。

「選挙で1位の方が塾長にならなかったから不思議だ」というご指摘ですが、ここで塾長選挙、正確には塾長選出制度について申し上げます。

塾長は四つのプロセスによって決まります。その一つのプロセスだけを取り上げて、「選挙の結果がひっくり返された」というのは誤解がありますし、少し違和感があります。

もともとは2000年代後半、大学の学長を教職員が選ぶのはおかしいというガバナンスについての議論が国立大学から上がりました。大学改革のため、学長は経営体である理事会が指名、推薦すべきものだという意見が非常に強かったのです。

慶應の中でもガバナンス議論が盛り上がりました。慶應義塾の根本規則である規約には「塾長は慶應義塾の理事長とし、慶應義塾大学学長を兼ねる」と記載されています。

要するに、慶應では経営体の長である理事長と、教学の長である学長が同じだと定めているのです。

そのため、当時、教職員の投票により経営責任者を選ぶのはいいのか。まして、選挙が申し合わせというインフォーマルな形で行われ、非常に問題だと提言がなされたのです。

慶應義塾の歴代塾長（戦後）

氏名	在任期間
長谷山 彰	2017年～
清家 篤	2009～2017年
安西祐一郎	2001～2009年
鳥居泰彦	1993～2001年
石川忠雄	1977～1993年
久野 洋	1973～1977年
佐藤 朔	1969～1973年
永沢邦男	1965～1969年
高村象平	1960～1965年
奥井復太郎	1956～1960年
潮田江次	1947～1956年

その後、議論が進み、教職員の意見は尊重すべきだと。そうはいっても、慶應は外部の評議員との信頼関係の上に経営が成り立っているとも（編集部注：評議員とは慶應義塾の最高議決機関である評議員会の構成員で、教職員を含むが、記事中は主に卒業生の有力者を指す）。

結果、12年に大きな改革が実施されました。規約の改正により、塾長の任期を

塾長の選出手順

教職員らが12の部門から2人ずつ塾長候補者を選出

↓ 延べ24人の塾長候補者を選出

第1回投票で塾長候補者5人を選出（3人完全連記）

第2回投票で塾長候補者3人を選出（3人以内の連記または単記）

↓ 3人の塾長候補者を選出
◎慣例ではこの時点で得票数1位の候補者が塾長に

塾長候補者銓衡委員会が1人の塾長候補者を選定

評議員会で塾長を選任

塾長候補者銓衡委員会	
評議員会議長	1人
評議員（教職員評議員を除く）	14人
元塾長	2人
各学部長	10人
一貫教育校長	1人
部長以上の職員	1人

＊「塾長候補者推薦委員会規程」の資料を基に本誌編集部作成

最長２期８年とし、多選を禁じたのです。さらに、教職員の推薦投票を制度化しました。塾長を選ぶ上で四つのプロセスを踏むようにしたのです（２５２ページ図参照）。

その過程とはまず、教職員全員によって候補者を選ぶ。次に、教職員の代表によって３人の候補者を選出します。その３人の候補は銓衡《せんこう》委員会に送られ、所信表明や質疑応答の後、委員会が１人を選定する。最後に、評議員会が審議して決定するというプロセスです。

特徴は、銓衡委員会の構成員のバランスです。これは教職員代表者と評議員の代表者とがほぼ同数になるようにしています。また、もし銓衡委員会で選んだ候補者が適していないとなれば、評議員会はその決定を差し戻せることにしたのです。このように新しい制度ができた一方で、どの部分を取っても、教職員の投票で1位だった者を塾長に選出するという規定はない。

――10年5月付で常任理事会名で出された「今日の慶應義塾におけるガバナンスのあり方」という文書があります。そこには「教学部門が行った選挙の結果をそのまま尊重するのが原則とされるべきこと」と記載されています。どう受け止めますか。

誤解がないようにはっきりさせておきたいのは、これは何ら常任理事会として決定したものではないということです。

08年、評議員会にガバナンス検討委員会が設置され、常任理事会としての考え方も示した方がいいというので提出されたものです。当初はある理事一人の考え方としてまとめられたものに、少し修正を加えたものでした。

要するに常任理事会や最高決定機関である理事会の審議を経て決定された何かではない。議論を経て、先ほど申し上げたような手続きが制度化されたということです。

――その上で、なぜご自身が選ばれたと思われますか。

慶應の教員としては約20年間と短いのですが、その間に学生総合センター長兼学生部長や文学部長、体育会の相撲部長も担当してきました。常任理事としても施設から教育までさまざまな部門を担当しました。教学と経営の両方をこれほど経験してきた教員は他にいないでしょう。

表現が非常に難しいのですが、清家（篤・前塾長）執行部で8年間、教学や経営の動き全体をふかんしてきた。そうした人物がよかったという判断もあったのかと思います。

一度決まればまとまるのが慶應だ

――前体制をどう振り返りますか。

清家塾長が気の毒だったのは、当時リーマンショックの影響で多額の評価損を計上し、何はともあれ財政再建をしなければならないというところからスタートしたことでした。ですが、任期中に約370億円もの評価損を見事解消し、財政再建を果たすことができました。

一方で、安西（祐一郎・元）塾長のときに始まった創立150年記念事業がだいぶ残っていた。財政状況を見ながら、少しずつ進めていきました。

120億円規模の横浜初等部プロジェクトや、慶應大学病院の新病棟の建設事業もそうです。資材費の高騰もあって360億円規模になった大プロジェクトですが、卒業生のご尽力もあって建設にゴーサインを出せた。他に、日吉の記念館建て替えもその一つでした。

財政再建を果たしながら、記念事業をほぼ成し遂げた。大きな仕事を果たせたと思います。

――過去の塾長選挙後は常任理事が全員交代し、あたかも〝政権交代〟の様相でしたが、今回は違います。

常任理事から塾長になった初めての人物だと思います。これは非常にメリットだと感じています。経営の実態を常任理事として見て、財政面の問題や工夫の仕方、資金獲得について私なりに考えてきたことがあります。それをトップになって決断、実行できる立場になりました。

――幹部人事においても10人中4人を留任としました。ですが、学内からは出身学部のバランスを欠いているという指摘もあります。

伝統を守りつつ進化を続けると、先に申し上げました。破壊と創造ではないのです。新体制が発足したその日から業務が執行できるような常任理事会でなければならないと。そのためには、メンバーも継続が望ましいのです。留任というより重任が正しい。

確かに、これまでは学部やキャンパスのバランスを見て常任理事の人事が決められてきました。ですが私は、その人のキャリアや実績を見てお願いをしたのです。

――今回の塾長選挙や幹部人事を受けて、「ついて行かない」と明言する有力教員たちがい

ます。今後の運営において難しい部分があると思いますが、もっと説明を尽くそうといったお考えはないのでしょうか。

そもそも論として、慶應が二つに割れているとか運営が大変ということは全くない。そこを逆にご確認いただきたい。立場は違えども、いったん決まれば執行部を支援していこうというのが慶應の伝統です。

就任後は必ず塾長以下常任理事が各学部や学校を回り、所信を述べ質疑応答も行います。（17年8月下旬時点で）その中で、協力できないという話は聞いていませんし、おかしいという声も出ておりません。

――最後に、今回の塾長選挙を受け、評議員の影響力が大きく、教学よりも財界の力に左右されるのではないか、そう危惧する教員の方がいます。

それもやっぱり誤解です。評議員会というのは議決機関ではあるものの、一定以上の金額の建築工事をする場合や、億円単位の募金活動をする際には評議員会に諮るといったことがあるだけで、決められた事項以外に何かを提案するような権限は盛り込まれていません。評議員や評議員会がこうすべきだと影響力を行使することはないのです。

オーナーがいて学長がいる大学と違って、慶應は塾長が理事長と学長を兼ねている。だから評議員会だけで選ぶのも変だし、教職員だけで選ぶのも変だと。私自身は、両者が一致して、そして選ばれるという今の制度が理想型だと思います。

おわりに

少子化に伴い18歳人口が減少しているものの、大学進学率が上昇してきたため、これまで大学入学者数の規模は維持されてきました。しかし、進学率もいよいよ頭打ちとなって大学進学者数が減少していきます。よりシビアな大学淘汰時代に突入したのです。

大学を経営するにはカネが必要です。キャンパスの移転や校舎の建て替えともなれば、膨大な額に上ります。入学金や授業料だけでは資金が足りない。かといって投資をしないと、学生が集まらない——。

多くの大学が、生き残り策の一つとして、OBネットワークを広く濃いものにして大学との関係を強化することに力を注ぐようになりました。大きな狙いの一つが、OBに寄付金を募って資金面でサポートしてもらうことです。

このほか、就職実績が大学の実力としてより重視される中で、学生の就職活動を指導する際に協力を得たいといったこともあるでしょう。

そうした大学が理想形としてよく目標に挙げるOB組織が、三田会です。

一方で、社会では、学閥の王者たる三田会を疎んじる人々もいます。巨大な人脈網はもろ刃の剣。巨大な剣は影響力が大きい。不利益を被る側からすれば面白くなく、不透明感、不公平感が生じかねない。時に批判の声が上がります。

巨大な剣は慶應義塾内においても、もろ刃です。

学校の長を決める選挙で教職員からの投票数1位を獲得した候補者が、役職を持つ一部OBらも参加するその後の選考で落ちるという異例のケースが2017年に相次ぎました。慶應のほか、中央大学でも同じようなことがありました。

優先すべきは、経営感覚を研いだ者たちの判断か、教育現場の声か。選考に対して学内で賛否が分かれ、事情もそれぞれですが、OBパワーが学校内の社会にも強い影響を与えると示唆しました。

三田会には組織論、教育論、経営論などのヒントが詰まっています。誇るだけでなく、利用するだけでなく、うらやむだけでなく、学ぶための材料として、本書が一助になれば幸いです。

2018年3月　週刊ダイヤモンド副編集長　臼井真粧美

［執筆者紹介］

副編集長・臼井真粧美

うすい・まさみ／1975年生まれ。東京女子大学卒業後、専門紙を経て、2006年ダイヤモンド社入社。週刊ダイヤモンド編集部記者として運輸、ホテル、観光、自動車、化学、製薬、ヘルスケアなどを担当。12年より副編集長。

記者・新井美江子

あらい・みえこ／1983年生まれ。2007年上智大学大学院経済学研究科修了後、ダイヤモンド社入社。08年より週刊ダイヤモンド編集部記者。流通、外食、銀行、素材、重工業などを担当。

記者・泉秀一

いずみ・ひでかず／1990年生まれ、福岡県出身。2013年関西大学社会学部卒業後、ダイヤモンド社入社。週刊ダイヤモンド編集部在籍中に食品、外食を担当。主な担当特集に「凄いネスレ」「サントリーと創業家」「暗黒のロッテ」など。

記者・岡田悟

おかだ・さとる／1984年、大阪生まれ。2006年関西学院大学社会学部卒業後、毎日新聞社入社。東京本社経済部などの記者を経て13年ダイヤモンド社入社。週刊ダイヤモンド記者として建設、不動産や小売りなどを担当。

記者・小島健志

こじま・たけし／毎日新聞社を経て、2009年より週刊ダイヤモンド編集部。エネルギー、IT·通信、証券の担当を経て、データ分析担当。主な担当特集に「データ分析」「『孫家』の教え」「大学序列」。

記者・重石岳史

しげいし・たけし／1979年、福岡県生まれ。早稲田大学卒業後、インドネシアの現地紙記者となり、2006年毎日新聞社入社。大阪社会部を経て15年週刊ダイヤモンド移籍。商社、自動車を担当。主な担当特集に「国税は見ている」「司法エリートの没落」。

記者・鈴木崇久

すずき・たかひさ／1985年生まれ。2008年慶應義塾大学商学部卒業後、ダイヤモンド社入社。書店営業を経て、09年週刊ダイヤモンド編集部に異動。銀行、電機などを担当。主な担当特集に「金融庁vs銀行」。

記者・堀内亮

ほりうち・りょう／1984年生まれ。神奈川県横浜市出身。早稲田大学教育学部卒業後、2008年毎日新聞社入社。その後、静岡新聞社を経て、17年より週刊ダイヤモンド編集部。エネルギーを担当。

記者・山本輝

やまもと・あきら／1993年、東京都生まれ。慶應義塾大学卒業後、15年ダイヤモンド社入社。16年より週刊ダイヤモンド記者。自動車担当を経て、17年より食品、外食を担当。主な担当特集に「外食チェーン全格付け」「アサヒ巨額買収の勝算」など。

委嘱記者・大根田康介

おおねだ・こうすけ／1980年、福岡県生まれ。立命館大学卒業後、大阪大学大学院修了。企業調査会社を経てフリーライターとして独立。2015年より週刊ダイヤモンド委嘱記者。建設、不動産を中心に取材・執筆。主な担当特集に「不動産投資の甘い罠」。

委嘱記者・西田浩史

にしだ・ひろふみ／学習塾業界誌記者を経て、2016年より週刊ダイヤモンド委嘱記者。主に学校、教育産業を担当。過去1500件以上の塾を訪問。全国の受験事情の取材に力を入れる。主な担当特集に「大学序列」「最強の高校」「医学部＆医者」など。

＊所属、肩書は週刊ダイヤモンド特集発売時のものです。

慶應三田会
――学閥の王者【完全収録版】

2018年3月14日　第1刷発行

編　者――週刊ダイヤモンド編集部
発行所――ダイヤモンド社
〒150-8409　東京都渋谷区神宮前6-12-17
http://www.diamond.co.jp/
電話／03·5778·7214（編集）　03·5778·7240（販売）
装丁――――志岐デザイン事務所
本文デザイン―ムシカゴグラフィクス
製作進行――ダイヤモンド・グラフィック社
印刷――――勇進印刷（本文）・加藤文明社（カバー）
製本――――川島製本所
編集担当――臼井真粧美

©2018 Diamond Inc.
ISBN 978-4-478-10526-9
落丁・乱丁本はお手数ですが小社営業局宛にお送りください。送料小社負担にてお取替えいたします。但し、古書店で購入されたものについてはお取替えできません。
無断転載・複製を禁ず
Printed in Japan